지복희 수필집

이제 마음 가는 대로
살 때도 됐지

도서출판 **이바구**

프롤로그

유쾌한 반전은 계속될 것이다

얼마 전 보게 된 '스물다섯 스물하나'라는 드라마는 나의 스무 살을 돌아보기 맞춤했다. 스물 언저리는 어른으로 건너가는 다리쯤이 아닐까. 나는 그 다리를 한발 한발 걸어서가 아니라, 부웅 날아서 훌쩍 뛰어넘은 듯했다. 마치 내게 그 다리는 없는 것처럼. 그렇게 나는 준비도 없이 별안간 어린 어른이 되었다. 친구들과 크게 웃고 함께 소리 지르며, 고민조차 아름다운 젊음이 있다는 것도 미처 깨닫지 못한 채 말이다. 내 스무 살은 서류 더미에 둘러싸인 사무실에서 아버지 또래의 어른들과 딱딱하고도 건조한 행정 업무에 파묻혀 우울하고 외로웠던 날이 거의 전부였으니까.

그렇지만 나는 안다. 지나온 그 모든 시간이 있었기에 지금의 내가 있다는 것을. 뭉텅 잘려 나간 듯한 시간의 빈자리조차 나름의 여백으로 나를 만들었다는 것을. 오랜 외로움이 있었기에 예민하면서도 단단한 내가 되었듯이.

이제 내 나이 쉰넷. 어린 어른이었던 스무 살 때부터 시작해 삼십 년 다닌 직장을 퇴직한 지 벌써 4년 차다. 지나간 것은 지나간 대로 두더라도, 지금 순간, 쉰넷에 펼쳐지는 나만의 이야기는 어떨까.

하루라면 햇살이 쨍쨍한 오후 3시 반쯤,

계절이라면 가을의 한가운데쯤,

식사라면 메인 음식을 삼 분의 이 정도 막 먹어 갈 때쯤,

300페이지 책이라면 슬슬 재밌게 빠져드는 한 200페이지쯤 되지

않을까.

이만하면 밋밋하고 재미없어 하품 나오는 지금까지의 이야기도 매력적이고 흥미진진한 방향으로 과감하게 틀어 볼 기회는 아직 남아 있는 거 아닌가. 유쾌한 반전 몇 개쯤 숨겨 두고 재미와 감동을 쏟아 낼 에피소드들로 생동감을 더한다면 조금은 괜찮지 않을까.

그 유쾌한 반전의 하나로, 퇴직 후 지금까지 써 온 수필을 한 권의 책으로 묶었다. 퇴직할 결심부터 나를 알아 가며 이해하기까지 그리고 그동안 불안하고 방황했던 백수의 시간이

서서히 보통의 일상으로 자리 잡아가는 요즘까지, 끊임없이 마음을 들여다보며 묻고 답한 기록들이다.

어찌 보면 너무나 사소하고 개인적인 이야기라 부끄럽지만, 바버라 애버크롬비의 책 『작가의 시작』이 내게 큰 용기를 주었다. 내겐 독창적인 글감이 아무것도 없다거나, 내 글을 아무도 읽지 않는다면 어떻게 할까 같은, 지금껏 내가 주저하고 고민하던 많은 것들이 단지 글쓰기를 회피하는 핑계들에 불과하다는 작가의 명쾌한 조언이 힘이 되었다. 특히, 자신에 대한 글은 자신밖에 쓸 수 없으며 그 글은 중요하다는 사실, 누군가는 그것을 필요로 한다는 사실을 기억하라는 당부와 만약 허락이 필요하다면 기꺼이 허락할 테니 지금 당장 뭐가 됐든 자신의 이야기를 쓰라며 힘차게 등을 떠밀어 주는 응원에 한결 마음이 편안해졌다.

아직 내 인생의 시간은 무엇을 해도 부족함 없이 넉넉히 남아 있다. 이제 겨우 내가 쓴 책으로 반전 하나 만든 셈이지만, 부디 기대하시라. 끝으로 갈수록 점점 멋진 이야기, 날마다 그 절정이 경신되고 성장하는 이야기, 오래오래 간직하고 싶은 따뜻한 이야기를 만들기 위한 유쾌한 반전은 계속될 것이다.

목차

프롤로그 • 유쾌한 반전은 계속될 것이다.   3

제1부 • 10년 일찍 백수를 선택하다

아무 일도 일어나지 않는다   12

슬기로운 백수 생활   16

백수에게 시간이란   21

이만하면 잘살고 있다   24

퇴직 후 소소한 일상   31

느닷없이 퇴직하게 된 언니에게   37

오늘 하루만 산다면   44

결심의 힘   49

상처를 돌보는 시간   52

보통의 일상   57

제2부 • 더 가까이, 더 오래 가족과 함께

엄마는 추억으로 나를 키운다	62
이번에도 또	67
운전은 늘 겁나	70
침묵보다는 소란이 좋다	75
이제는 걱정 대신 사랑	79
문득 그리움이	83
인생 2막을 시작할 때까지	88
기도가 이루어지길 기도한다	93
아버지와 딱 하루만	100
너무 큰 욕심일까	104
언니가 되고 동생이 된다	110

목차

제3부 • 토닥토닥 나를 다독이며 알아 가고

내 심심풀이 간식 3종 세트	116
나만의 호암지 사용법	122
나를 알아 가는 시간	128
나는 자연스러워지고 있다	132
투명하게 나를 들여다보는 것	137
나는 어떤 글을 쓰고 싶은가	141
내가 책을 좋아하는 이유	145
나를 위한 소비라면	149
나만의 방	153
피아노와 나	159
나보다 우리 함께	163

제4부 • 단순하고 가볍게 일상 속으로

사과나무 가로수에게 무한한 사랑을　　168

도자기 공예를 시작하다　　174

그렇구나, 그래야 하는구나　　180

쉰두 번째 생일　　184

열 내 봐야 소용없다　　190

어제와 내일, 그리고 오늘　　193

빵 굽는 기쁨　　197

운 좋으면 늙을 수도 있다　　202

단순하고 가볍게　　206

쉬어 갈 의자 하나 생겼네　　210

에필로그 • 조금 일찍 퇴직한 게 뭐라고　　216

제1부 | 10년 일찍 | 백수를 선택하다

아무 일도 일어나지 않는다

앗, 벌써 금요일? 요즘은 날마다 휴일이다 보니 요일 감각이 없다. 날마다 토요일 일요일과 다름없다. 가을비가 색시처럼 내린다. 제주는 태풍이 온다고 난리다. 그래서인지 어제까지 여기도 제법 센 바람이 불더니 오늘 아침엔 바람은 자고 가을비만 얌전하게 내린다. 한결 차분하고 운치 있다. 갓 구운 따끈한 빵과 커피가 먹고 싶어졌다. 분위기 있는 음악이 흐른다면 더없이 좋겠고. 이때, 시어머니께서 나를 부르신다. 독감 예방 주사를 맞고 싶으니 병원까지 태워다 달라신다. 이 정도쯤이야 어렵지 않지. 흔쾌히 시어머니를 모시고 나갔다. 그런데 이런, 병원에 도착하고 보니 이미 백신이 바닥났다는 안내문이 떡 하니 붙어 있는 게 아닌가. 원래는 시어머니만 병원 앞에 내려 드린 후, 바로 집에 올 생각이었는데 어쩔 수 없이 다시 모시고 다른 병원으로 향했다. 다행히 멀지 않은 곳에, 백신이 남아 있는 병원이 있었다. 무사히 주사를 맞고 돌아오는 길, 그동안 못해 드린 며느리 노릇을 아주 조금은 만회한 것 같아 혼자 빙그레 미소가 지어졌다.

이왕 오늘 착한 며느리인 척하는 김에 왕창 더 점수를 따고 싶은 욕심이 생겼다. 마침 고소한 빵 굽는 냄새를 풍기며 발길을 잡는 제과점이 눈에 들어왔다. 내가 좋아하는 앙버터와 군데군데 검은 콩이 박혀 있는 백설기 빵을 골랐다. 방금 구워 나온 식빵도 한 봉지 샀다. 시어머니에게는 따뜻한 쵸코라떼를 사 드렸다. 아마 말씀은 안 하셨지만, 적잖이 당황하셨을 것이다. 얘가 오늘은 왜 이렇게 잘하나 싶었을 테니까. 저도 아주 가끔은 괜찮은 며느리라고요. 속으로 큰소리치며 신나게 빗길을 달렸다.

드디어 집에 와 펄펄 끓인 물로 커피를 만들고 방금 사 온 빵을 예쁜 접시에 담아 우아하게 앉았다. 아 이런, 음악이 있어야지. 비와 잘 어울리는 분위기 있는 음악을 조금 큰 소리로 틀었다. 좋았다. 지금, 이 순간보다 더 좋을 수는 없겠다 싶었다. 느긋하게 빗소리를 배경 삼아 음악을 들으면서 깊은 풍미가 살아 있는 따뜻한 커피 한 모금, 갓 구운 빵의 온기와 향기 그리고 이 여유로움까지. 이야, 난 역시 행운아야. 행복한 비명이 절로 새어 나왔다.

요즘 『빨강 머리 앤』을 읽으면서부터 나도 모르게 매 순간 '앤 이라면' 하고 생각하는 버릇이 생겼다. 이런 분위기에 앤이라면 뭐라고 할까? 아마도 한두 페이지 이상은 너끈히 지금의 느낌을 낭만적으로 쓰고도 남겠지? 앤이 가지고 있는 그 무한한 상상력과 뭐든 새롭게 보는 눈이 마냥 부러울 뿐이다. 한없이 맑고 순수한 느낌과 감탄이 절로 나오는 독특한 표현력이라니. 지칠 줄 모르는 용기와 도전은 또 어떻고. 점점 읽을수록 앤의 매력에 빠져든다. "결국 정말로 즐겁고 행복한 나날이란 굉장히 멋지고 놀랍고 신나는 일이 일어나는 날이 아니라, 진주알들이 하나하나 한 줄로 꿰어지듯이 소박하고 자잘한 기쁨들이 조용히 이어지는 그런 날들인 거 같아요." 같은 다정하고 사랑스러운 앤의 말은 얼마나 큰 위로가 되는지, 앤의 명랑한 목소리가 바로 옆에서 들려오는 듯 생생해 한참씩 눈을 감게 된다.

오늘 할 일은 벌써 다 했다. 하루에 한가지씩이면 충분한데 시어머니와 병원을 다녀왔으니 다 한 셈이다. 이제 남은 시간은 모두 덤이다. 뭘 해도 좋고 아무것도 하지 않아도 좋을, 기분 좋은 덤. 요즘은 시간을 헐렁하게 느릿느릿 보내고 있다. 걸음도 천천히 걷는다. 생각도 천천히 한다. 두 가지 일을 한꺼번에 하지 않는다. 그동안 효율적인 멀티가 되지 못해 안달이었다면 이제는 한 가지에 온 정성을 기울이는 데 전념한다. 내게 가장 잘 보낸 하루는 매 순간 정성을 다한 날이다. 앤 이라면 정성을 다해 보낸 하루를 어떻게 표현할까. 돌틈 사이를 비집고 누구의 눈길 닿지 않아도 기어이 꽃을 피워 올리는 민들레의 끙끙거리는 소리 정도는 어떨까. 아무튼 '앤 이라면' 하고 생각하면 은근 기분이 날아오르듯 가볍고 경쾌해진다. 더 예쁘고 더 기발하고 더 사랑스러운 표현을 욕심낸다. 그러면서 이리저리 오래 생각을 굴린다. 아무도 몰래 나 혼자 맘껏 누리는 은밀한 기쁨이고 즐거움이다.

날마다 이렇게 살아도 아무 일도 일어나지 않는다는 걸 이제야 알았다. 앤 이라면 어땠을까.

진즉에 알았을까.

슬기로운 백수 생활

　모두의 극찬 속에 얼마 전 막을 내린 '슬기로운 의사 생활'을 찜해 두고 아직 못 보고 있다. 누군가는 십 년 만에 처음으로 방송 시간을 기다렸다가 봤던 드라마라 하고, 또 누군가는 그런 의사들이 있는 병원이 실제로 있다면 얼마나 좋겠냐고 꿈꾸듯이 말했다. 그 시각에 특별한 일도 없었는데 나는 왜 한 번을 못 보았지? 이상하게 국민 드라마라며 전 국민이 볼 때 나만 안 보게 된다. 모두가 '예' 할 때 '아니오'를 외치며 어깃장을 부리는 건지. 어쩌면 진짜 그럴지도 모른다. 내 또래의 국민이라면 지금쯤 거의 일터에서 열심히 일하는데, 나는 어슬렁어슬렁 백수를 자처하며 놀고 있으니까. 슬기로운 생활은 의사보다 백수에게 더 필요한 거 아닌가, 하는 생각이나 한가롭게 하면서.
　자진 백수 생활이 벌써 일 년하고도 구 개월째 접어들고 있다. 지금까지는 별문제 없이 유유자적 자유롭게 잘살고 있다. 날씨 예보로 치자면 날마다 '매우 맑음'은 아니지만, '대체로 맑음'이다. 태풍이나 폭우는 아직 없다. 지나가는 소나기와 약간의 바람만이 더러 있는 정도다. 비 오는 날이나 맑은 날이 있을 뿐, 좋은 날씨나 나쁜 날씨는 없듯이 내 생활도 마찬가지다. 이럴 때도 있고 저럴 때도 있지만 담담하게 하루하루 살아 내는 보통의 일상이다. 이런 내 백수 생활을 슬기롭게 만들려면 무엇이 필요할까. 시간도 많으니 곰곰 생각해 본다.

첫째 '그러려니'라는 말과 친해져야 한다. 이는 체념도 아니고 포기도 아니다. 있는 그대로 인정하고 받아들이는 것이다. 이해하는 마음을 크게 열어젖히는 거라고나 할까. 백수로 지내보면 자잘하게 서운하고 화날 일이 시시때때로 찾아온다. 아무렇지 않게 건네는 한마디에 예리하게 마음을 베이는 수도 있고, 예민해진 자격지심으로 의기소침해질 때도 있다. 우연히 만난 지인들의 "그래, 요즘 뭐하며 지내냐?"며 별 관심도 없으면서 따지듯 묻는 소리, '저렇게 빈둥대려고 일찍 직장을 그만뒀나.'라며 혀를 차고 싶어 안달인 얼굴은 처음엔 상처가 될 수 있다. 하지만 이 모든 것을 '그러려니' 하고 대수롭지 않게 보아 넘기는 것이 필요하다. 아무리 누가 뭐라 해도 지금의 내 백수 생활에 대한 자부심과 당당함을 잃지 않으면 된다. 툭툭 던지는 질문과 시선에 차차 무뎌지다 보면, 어느새 단단하게 굳은살이 생길 것이다. 이해받으려고 지나치게 진지한 응대 태도를 보인다거나 예민하게 의식하는 것은 금물이다. 여유 있고 유연하게 내면을 단련해야 한다. 백수 생활은 오랫동안 열심히 일한 대가로 당당하게 쟁취한 소중한 시간이라는 생각만 꽉 부여잡고, 나머지 것들은 너그럽게 '그러려니'로 넘기는 슬기가 필요하다.

둘째 '내일도 있잖아.'라는, 마음에 거는 브레이크다. 어딘가로 정신없이 출근할 필요도 없고 반드시 할 일도 딱히 없음에도 이상하게 마음은 조급해진다. 날마다 빼곡하고 빈틈없는 계획이 있어야 하고 직장에서처럼 긴장하며 종일 뭔가 하면서 보내야 할 것만 같다. 일하는 것보다 노는 게 더 힘들다는 소리가 저절로 나온다. 아무리 오랜 기간 백수 생활을 준비하고 꿈꿔 왔더라도 적응은 말처럼 쉽지 않다. 여유를 즐기며 자유롭게 살라고 해도 스스로 얽매고 통제하며 나도 모르게 '얼른얼른'을 외치며 서두르게 된다. 그럴 때 필요한 것이 내겐 '내일도 있잖아.'라는 말이다. '그렇게 오늘 다 하려고 애쓰지 않아도 돼, 내일도 오늘처럼 뭐든 마음대로 할 수 있어.'라고 조용히 타이른다. 그러면 '아, 그렇지.' 하고 차분하게 멈추게 된다. 백수 생활에 '내일도 있잖아.'는 천천히 느긋하게 여유를 되찾을 수 있는 슬기다.

셋째 '건강'을 잘 챙기는 것이다. 누구나 그렇지만 특히 백수에게는 건강이 필수다. 자유롭고 즐겁게 살아 보고자 자진해서 힘들게 백수가 됐는데, 건강을 잃으면 정말 억울해서 안 된다. 하고 싶은 게 뭐든 간에 건강해야 할 수 있다. 노는 것도, 아프면 말짱 소용없다. 삼시 세끼 제대로 챙겨 먹는 것이 날마다 일과의 핵심이라 할 만큼, 잘 먹고 운동하면서 건강을 지켜야 한다. 건강한 몸에 건강한 정신도 깃든다는 진부한 말을 늘 꺼내 반짝반짝 닦아야 한다. 내 몸을 보살피는 것이 내 마음을 보살피는 것이다. 이제는 몸에 눈치를 살피고 살살 어르고 달래며 아무 탈 없이 잘 지낼 수 있도록 귀하게 여길 때다. 슬기로운 백수 생활의 기본 중의 기본은 역시 건강이다.

얼마 전 만난 친구가 물었다. 일찍 퇴직한 거 후회하지 않느냐고. 나는 솔직히 말했다. 조기 퇴직을 후회하지는 않는다고, 다만 자유로운 시간을 뭘 하며 보낼지에 대하여 꼼꼼하게 더 준비하고 대비하지 못한 게 아쉽다면 아쉬운 점이라고. 돌아보면 퇴직하고 지금까지 보낸 시간만으로도 내 조기 퇴직은 썩 잘한 결정이라고 생각한다. 만일 내가 조기 퇴직을 하지 않고 정년까지 근무했더라면 어땠을까. 금전적이나 사회적으로 얻는 것도 분명 많을 테지만, 죽기 전에 후회할 목록에 한 줄 추가되지 않았을까. 평생 같은 직장에서 별 재미없이 일만 하다 좋은 시절 다 보내 버렸다면, 왜 억울하지 않겠는가. 앞으로 내 유일한 계획은 누가 뭐래도 한 점 흔들림 없이 씩씩하고 당당하게 슬기로운 백수 생활에 전념하는 것이다. 나를 기쁘게 하는 거라면, 그게 뭐든 끊임없이 시도하고 도전하면서.

백수에게 시간이란

 백수에게 월요일은 특별히 예정된 일이 없는 한 별다른 느낌이 없다. 아니, 월요일뿐만 아니라 모든 요일이 그렇다. 약속이 있거나 반드시 해야 하는 일이 있는 날과 그렇지 않은 날로 나뉜다. 조금이라도 자유롭지 못한 날과 완전히 자유로운 날이 있는 셈이다.

 직장에 다닐 때는 요일에 따라 한주의 리듬이 있었다. 무겁고 힘들게 시작하는 월요일, 조금은 가벼워진 화요일, 물 흐르듯 자연스럽게 흐르는 수요일, 정상에 오르듯 피로가 절정인 목요일, 슬슬 행복해지는 금요일, 달콤한 선물 같은 토요일과 일요일, 그리고 다시 시작하는 한 주. 하지만 백수인 나는 이제 시간의 리듬을 지루하지 않게 스스로 만들어야 한다. 너무 빠르지도 않고 느리지도 않게, 너무 무겁지도 않고 가볍지도 않게.

'하루의 리듬'은 날마다 반복적으로 하는 일상 외에 하루 한 번씩 하는 외출이다. 카페를 가든지 서점을 가든지, 멀리 있는 빵집을 가든지, 친구를 만나든지, 드라이브를 나가든지, 가볍게 바깥 공기를 쐬며 기분을 전환한다. '한 주의 리듬'은 하루 범위 내에서 내가 사는 지역을 벗어나 여행하는 것이고, '한 달의 리듬'은 운전이 가능한 곳으로, 일주일 범위 내에서 여행하는 것이다. '일 년의 리듬'은 한 달 범위 안에서 다른 도시에 머무는 여행을 하는 것이다. 국내도 좋고 해외도 좋다. 섬도 좋고 산골 마을도 좋다. 새로운 곳에서 낯선 공기 마시며 현지 사람들 속에 스며들어 살아 보는 것이다. 지난해 했던 '제주도 한달살이'는 충분하게 재밌고 소중한 시간이었다.

백수로 보내는 시간은 순전히 내 손에 달렸다. 아무것도 안 하고 아무렇게나 보낼 수도 있다. 누구 하나 뭐라지 않는다. 다만, 꿈꾸고 바라는 것이 있다면 무리하지 않는 선에서 계획을 세우고 스스로 최소한도의 통제나 강제는 해야만 한다. 때로는 직장 일보다 더 시간과 노력을 들이고 정성을 쏟아야 한다. 쉽사리 흔들리지 않는 단단한 마음으로 하루하루 당도하는 순백의 자유로운 시간을 당연하지 않게, 귀하게 맞아야 한다.

왜냐하면 백수에게 시간은 뭐든 할 수 있는 고마운 선물이기도 하지만, 아무것도 하지 않을 수 있는 나태와 무기력에 대한 달콤한 유혹이기도 하니까.

　언제나 시간에 대한 경쾌한 리듬감으로 크고 작은 기쁨을 만들어 가는 행복한 백수로 살고 싶다.

이만하면 잘살고 있다

나는 오십을 조금 넘기면서 오랫동안 다닌 직장을 그만두었다. 가족들도 말리고 동료들도 잡았지만 미련 없이 퇴직을 결정했다. 그 당시 가장 많이 들은 말은 "퇴직하면 처음 한두 달만 좋지 모두 후회한다더라.", "도대체 뭘 하려고 그러느냐?"였다. 나는 초지일관 아무것도 안 하고 숨만 쉬겠다고 농담처럼 대답했다. 오랫동안 다니던 직장을 그만둔다는 것은 내 인생에서 크고 중요한 결정이었으며 혼란스러운 상황이었다. 뚜렷하게 뭐든 할 거리를 마련해 둔 것도 아니고, 구체적이고 촘촘한 계획이 있는 것도 아니었으니, 더욱 그럴 수밖에.

직장 생활이 딱히 힘든 것도 아니고 뭔가 문제가 있는 것도 아니었다. 퇴직을 결심하게 된 가장 큰 이유는 어딘가에 소속된 채, 일을 하며 돈을 버는 일은 삼십 년이면 충분하다는 굳은 생각과 이때를 놓치면 앞으로 어김없이 십 년은 더 같은 모습으로 일하며 직장에 묶여 있을 거라는 판단이었다. 한 살이라도 젊었을 때 지금과는 다르게 자유롭게 살아 보고 싶었다. 그래서 명함과 돈 대신 자유와 시간을 과감히 선택했다. 외로울 수 있고 후회할 수 있다는 두려움조차 흔쾌히 받아들이면서.

나는 입사할 때부터 일은 내 나이 오십까지만 하고, 그 후로는 자유롭게 살겠다고 마음먹었다. 그 마음은 한순간도 흔들리거나 약해지지 않았다. 남편에게는 귀에 딱지가 앉도록 틈틈이 말해 왔다. 덕분에 남편은 나의 퇴직을 큰 충격 없이 자연스럽게 인정하고 이해했다. 그동안 나의 지속적인 주입이 없었다면 아마 불가능했을 것이다. 직장을 다니는 동안 힘들거나 지칠 때면 앞으로 몇 년 남았는지 손꼽아 보면서 다시 힘을 낼 수 있었다.

나는 오십이 되어 일을 그만두면 여행을 많이 하고 싶었다. 가능하다면 여행기도 한 권 쓰고 싶었다. 국내가 됐든 국외가 됐든 여기저기 다니면서 몇 달씩 머물러 살고 싶었다. 지금 사는 지역을 한 번도 벗어나 본 적이 없어서인지 항상 떠나고 싶었고 다른 곳에서 살아 보고 싶은 욕망을 품고 살았다. 바닷가 마을에서도 한 달 살아 보고, 서울에서도 두어 달 살아 보고, 외딴 섬에서도 몇 달 살아 보고, 해외 작은 도시에서도 한동안 살아 보는, 그런 삶 말이다.

직장을 다니면서 보이지 않게 준비해 왔다. 해외여행을 위해 영어 회화 학원을 꾸준히 다녔고, 체력을 키우기 위해 날마다 한 시간 넘게 공원을 뛰고 걸었다. 그리고 여행기도 써야 하니까 읽고 쓰기에도 관심을 가졌고 늘 읽고 메모하는 습관을 길렀다. 이렇게 남들이 모르는 나만의 계획은 이미 착착 실행되고 있었다. 그러니 퇴직을 결정하는 것이 그리 어렵지는 않았다. 정년퇴직이 아닌 일정한 기간을 채우고 퇴직하는 '정량 퇴직'이라고 생각하니 자연스럽기까지 했다. 내게 주어진 책임과 의무를 성실하게 최선을 다해 완수한 느낌이랄까. 개운하고 홀가분했다. 이제는 당당하게 나를 위한 시간을 자유롭게 가질 자격이 충분하다고, 그동안 너무 애썼다고 스스로 힘차게 응원했다.

처음 일 년은 정신이 없었다. 시간이 너무 빨랐다. 내 마음대로 보내는 하루하루의 모든 것들이 신기하고 좋았다. 너무 좋아서 알 수 없는 불안이 찾아오기도 했고 마음이 급해지기도 했다. 내일도 모레도 그다음 날도 날마다 자유로운 날이라고, 조급해지는 마음을 살살 달래며 야금야금 퇴직이 주는 값진 자유 속으로 빠져들었다. 낮 동안 여유 있게 하는 모든 것들이 행복했다. 태양도 오직 나만 비추는 것 같았다. 가장 좋은 건 시계를 보며 시간에 쫓기거나 초조해하며 서두르지 않아도 되는 거였다. 평일 낮에 느긋하게 목욕탕을 다녀오는 것도 좋았고 서점에서 오래오래 할 일이라곤 이것밖에 없는 사람처럼 책을 고르는 것도 좋았다. 평일 낮엔 어딜 가도 번잡하지 않았고 거리도 한산해 운전하기도 좋았다. 내 얼굴엔 생기가 돌았다. 당분간은 이렇게 아무 계획 없이 마음이 가는 대로, 하고 싶은 것 맘껏 하면서 먹고 놀며 쉬자고, 그것만으로 충분하다고 불쑥불쑥 찾아드는 불안을 툭툭 떨어냈다.

그렇게 정신없이 일 년을 보내고 나니 서서히 안정이 찾아왔다. 퇴직이 가져온 커다란 변화에 대한 설렘과 흥분 그리고 마음대로 누리는 시간에 대한 기쁨이 어느 정도 일상으로 적응되었다. 아침에 눈 뜨면서 하루를 계획하고, 주 단위 계획을 세우고, 한 달의 목록을 정하며 시간을 짜임새 있게 보내려는 노력을 저절로 하게 되었다. 매달 한 주 이상 방문해서 머물 도시를 정하고, 해외여행을 예약하고 실행하려던 중 별안간 탁하고 나의 발목을 잡는 것이 있었으니 바로 코로나였다. 그럼 그렇지. 역시 인생이란 계획대로 마음먹은 대로 착착 되는 게 아니지. 모든 여행 계획을 취소하고 기약 없이 미룬 채 지금까지 집에만 머물고 있다. 더군다나 날마다 경로당에서 식사하시던 시어머니의 세끼 식사까지 맡게 되었다. 할 줄 아는 것도 없고 솜씨도 없던 내가 몇 달째 하다 보니 그래도 실력이 조금 늘었다. 뭐든 자주 하다 보면 늘게 된다는 말은 맞는 말인 듯, 이제는 요리가 재미있고 체계적으로 배워 보고 싶어 요리 학원을 알아보는 중이다. 살다 살다 내가 요리를 다 배우다니, 아무튼 알 수 없는 게 인생이다.

퇴직 후 많은 시간을 자유롭게 보내면서 '내가 좋아하는 것은 무얼까, 뭘 할 때 가장 즐거운가.' 하고 항상 예민하게 생각한다. 오 개월 드럼 학원도 다녔다. 도자기와 가죽 공예는 현재 배우고 있다. 모두 새롭고 재미있다. 손으로 뭔가 만드는 걸 좋아한다. 새로운 작품을 만들고 내 이름을 새겨 소유할 때의 뿌듯함과 기쁨은 이루 말할 수 없다. 손으로 만드는 것은 앞으로 꾸준히 해 볼 작정이다.

책을 읽고 영화를 보고 클래식 음악을 듣는 동안도 행복하고 좋다. 재미있는 책에 푹 빠지고 좋은 음악에 온전히 집중한다. 좋은 영화도 많고 읽고 싶은 책도 많고 멋진 음악도 넘친다. 좋은 책은 또 다른 좋은 책으로 나를 이끌고, 좋은 음악은 더 멋진 음악을 내게 소개한다. 영화도 마찬가지다. 보면 볼수록 보고 싶은 영화가 자꾸 늘어 간다. 혼자 집에서 보내도 지루하거나 심심할 틈이 없다.

산책하는 시간도 행복하다. 어쩌면 하루 중 가장 평화로운 시간이다. 새소리를 들으며 숲길을 느긋하게 걸을 때면 세상에서 가장 행복한 사람이 된다. 자주 가다 보니 단골 카페가 생긴 것도 좋다. 반갑게 맞아 주고 덤으로 쿠키를 줄 때도 있다. 점점 내 집처럼 편안하고 만만해진다. 무엇보다 퇴직 후 내게 가장 달라진 것은, 마음 챙김의 시간이 늘어난 거다. 내 마음속 감정을 차분하게 알아차리고 서둘러 판단하지 않는 여유가 조금씩 생기고 있다. '아 지금 내 마음이 이렇구나, 이래서 그렇구나.' 하고 조금 거리를 두고 바라볼 수 있는 틈이 생겼다고나 할까. 그 틈으로 햇살이 들락거리고 바람이 살랑거려 감정이 다시 제자리를 잡는다.

혼자 이것저것 하면서 보내는 지금의 시간이 참 좋다. 아주 가끔 외로움과 소외감이 찾아오기도 하지만 그리 오래 머물지는 않는다. 더러 쌓이는가 싶으면 쓰레기 버리러 나갈 때 주섬주섬 챙겨 함께 버리고 돌아오면 그만이다. 앞으로의 시간도 걱정 안 한다. 시간 관리 내공이 생기고 있음을 믿는다. 내가 좋아하는 것들을 더 오래 더 깊이 하면서 보낼 것이다. 일처럼 적극적으로 즐거움과 기쁨을 찾고 발견하면서. 퇴직 후의 생활이 즐겁고 재밌어야 뒤를 보지 않는다. 힘들고 괴로우면 자연스레 과거의 직장 생활이 그립고 퇴직이 후회될 것이다. 다행히 아직은 그리움도 후회도 없다. 이만하면 잘살고 있다는 증거가 아닐까.

퇴직 후 소소한 일상

요즘 점점 여유 있는 생활이 편안하고 좋다. 천천히 느긋하게 살고 있다는 걸 순간순간 실감한다. 그래, 항상 이래야 했는데. 그동안 그러질 못해 이 당연한 것이 큰 기쁨이네 하는 생각이 자주 든다. 가까운 숲길을 가도 그냥 휙 하고 빠르게 다녀오지 않는다. 커다란 바위 위에 돗자리를 펼치고 한참씩 앉았다가 온다. 물소리를 듣고 초록을 바라보며 하늘도 올려다본다. 집중해서 들어 보면 새들도 이런저런 말을 하듯 저마다 다른 운율과 리듬으로 지저귄다. 자연의 풍광도 날마다 같은 모습처럼 보이지만, 자세히 보고 오래 보면 시시각각 다르다. 보이는 풍경 모두 새삼 신기하고 신비로워 시간 가는 줄 모르게 빠져든다. 아마도 '여유'라는 멋진 안경을 끼고 바라보기 때문일 테다.

새로 생긴 카페를 즐겨 찾는다. 실내 분위기도 보고 풍광도 보고 주인장의 모습도 눈여겨본다. 주말에 숲길을 걷고 예전에 못 보던 카페가 있기에 들어갔다. 이문세 노래가 시원한 바람처럼 흘러나오고 활짝 열어젖힌 창문으로는 앞산의 초록이 떡하니 들어앉아 있었다. 중년이라기보다는 노년이 더 잘 어울리는 부부가 운영하고 있었다. 아내는 빵을 굽고 남편은 커피를 내렸다. 미소가 얼굴 가득했다. 아마 노년의 삶을 위해 풍광 좋고 공기 맑은 곳에 새롭게 터전을 마련한 듯 보였다. 이층집을 지어 텃밭에서 기른 채소로 샐러드를 만들고 아래층은 카페를, 위층은 살림을 사는 것 같았다. 딱 내가 바라는 노년의 삶이었다. 분위기도 편안하고 커피 맛도 좋았다. 특히 빵과 함께 내온 딸기잼은 직접 농사지은 것으로 만든 거라며, 수줍게 한마디 건넸다. 나도 나중에 이런 카페를 하면 직접 만든 거라고 자랑하듯 말고, 저렇게 말해야지 하고 마음먹을 정도로 다정한 말투였다.

남편에게 우리도 나중에 이렇게 살았으면 좋겠다고 말하니 좋단다. 그런데 커피와 빵 모두 나보고 하란다. 그럼 자기는 뭘 할 건데 하고 묻는 내게 계산만 하겠단다. 자기가 괴산 출신이라 계산은 잘한다고, 시도 때도 없이 아재 개그다. 기가 막혀서, 어이가 없어서 혹은 아주 조금은 그럴듯하다는 이유로 매번 웃어 주니 무작정 던지고 본다. 이번에도 큰 웃음 줬으니 오늘 할 일은 다 한 셈이라고 칭찬 아닌 칭찬을 하며 카페를 나섰다. 카페가 됐든 뭐가 됐든 남편과 이렇게 도란도란 둘만 통하는 개그를 날리며, 함께 웃고 서로 다독이며 다정하게 보내는 노후도 그리 나쁘진 않을 것 같다. 뒤돌아보니 마침 카페 노부부도 뭐가 재미있는지 마주 보며 크게 웃고 있었다.

오후엔 근처에 사는 시누이에게서 옥수수를 가져가라는 연락이 왔다. 매번 친정엄마처럼 이것저것 잘 챙겨 주는 시누이다. 옥수수뿐만 아니라 아욱, 늙은 오이, 갓 버무린 배추김치 등 텃밭에서 기른 채소와 반찬을 조막만 하게 봉지 봉지 한 보따리 담아 놓고 기다리고 있었다. 막 오려는 데 또 뛰어 들어가더니 얼려 놓은 불고기를 한 덩이 가지고 나왔다. 그것도 모자라 내가 사과 좋아한다고 사과에 사과즙까지 잔뜩 실어 주었다. 마치 딸에게 요것조것 바리바리 싸 주지 못해 안달인 친정엄마의 얼굴로 더 줄 게 없는지 자꾸 둘러보는 시누이의 애틋한 모습에 가슴이 울컥했다. 감사하고 또 감사할 따름이다.

일 년에 한 번 꺼낼까 말까 하는 커다란 솥을 꺼내 한가득 물을 붓고 소금을 넣고 옥수수를 쪘다. 한참을 기다리니 옥수수 익는 냄새가 솔솔 났다. 뭔가 익어 가는 냄새는 참 정겹다. 밥이 익어 가는 냄새도 그렇고 빵이 익어 가는 냄새도 그렇고,

익어 가는 냄새를 한 단어로 표현하라면 뭐가 좋을까. 음, 그리움은 어떨까. 구수한 냄새는 기다림을 재촉하며 빠르게 기쁨으로 치닫고, 아련한 향수와 추억을 불러들이며 마침내 서서히 얼굴 가득 아련한 미소를 번지게 하니까.

  어린 시절 시골에서 자란 나는 여름이면 늘 옥수수 찌는 냄새를 맡았다. 초저녁, 자다가도 문득 구수한 냄새를 맡고 깨어 보면 엄마는 가마솥으로 가득 찐 옥수수를 평상으로 내오셨다. 쭉쭉 뻗은 늘씬한 몸매에 빼곡히 알을 채운 실한 옥수수는 불빛 아래 빛이 났다. 고소하고 달콤하게 톡톡 입안에서 터지는 옥수수 알갱이는 꽃이 피어나듯 기쁨으로 피어났다. 근심도 걱정도 없었다. 오직 걱정이라곤 내일은 딱지가 좀 잘돼야 할 텐데. 더는 잃으면 안 되는데 정도랄까. 그때의 여름밤은 유난히 길었다. 저녁을 일찍 먹고 한숨 길게 자고 일어나 출출해진 배를 옥수수로 채우고 나도 아직 한밤중은 멀었다. 그 시절에 나는 화목하고 평화롭게 살아가는 삶을 보고 배웠다. 아버지는 든든하게 옆에서 지켜보시고 엄마는 부지런히 먹거리를 날라다 주시면 나는 맘껏 먹고 잘 놀면 됐다. 가끔 엄마 아버지의 흙 묻은 고무신을 말끔히 닦아 놓는 게 고작 할 일의 전부였다. 그리고 천천히 곡식이 자라듯 나이를 먹으며 자라고 여무는 것이 일이었다.

그 시절 아버지 어머니가 정성과 사랑으로 농사를 짓듯 키워 온 나는 과연 실하게 열매 맺으며 살고 있는지, 그 땀방울과 그 수고로움이 헛되고 부질없지는 않은지. 옥수수를 한 솥 쪄 놓으면 알이 빼곡한 것도 있고 군데군데 이가 빠진 것도 있고 덜 여문 것도 있다. 누구나 잘 여물고 매끈한 것을 먼저 고르려고 손을 뻗는다. 마지막까지 초라하게 남는 건 이 빠지고 덜 여문 것들이다. 나는 지금 어떤 옥수수를 닮아 있는지.

엄마 아버지는 평생 흙에서 농사를 지으셨다. 뿌린 만큼 거두고 땀 흘린 만큼 수확하는 정직함을 몸소 보여 주셨다. 맡은 바 책임을 성실하게 해 나가는 삶 자체가 내게는 그 어떤 훌륭한 말씀보다 값진 가르침이었다. 열심히 사시는 모습으로 나도 성실하게 살라고, 정직한 모습으로 나도 바르게 살라고, 욕심 없는 모습으로 헛된 욕심은 일찌감치 버리라고, 말이 아닌 행동으로 보여 주고 평생의 삶으로 가르치셨다. 그 성실함과 정직함 그리고 묵묵히 자신의 삶을 감당해내는 책임감은 평생 내 삶의 자양분이 되었다.

휴일에 새로 생긴 카페를 가고 숲길을 걷고 가족들 먹거리를 챙기는 일상이 평화롭고 더없이 좋다. 점점 엄마 아버지의 삶을 닮게 된다. 큰 욕심 없이 평화롭고 충만된 삶 말이다. 내 아이들에게 큰돈을 물려주진 못할지라도 바르고 정직한 삶의 가치와 성실하고 욕심부리지 않는 삶의 소중함만은 말이 아닌 행동으로 보여 주고 싶다. 내가 엄마 아버지의 삶을 보며 그 속에서 바르게 자랐듯 우리 아이들도 그러리라 믿으니까.

느닷없이 퇴직하게 된 언니에게

언니와 헤어져 돌아오는 길에 많은 생각이 들었어. 지금 언니 심정이 어떨지 누구보다 잘 알기에 마음이 가볍지만은 않았어. 아마 많이 혼란스럽고 막막할 거야. 두렵고 불안하기도 할 테고. 언니의 마음을 솔직하게 털어놓고 이해와 공감을 얻으며 위로받고도 싶겠지. 왜 안 그렇겠어. 하지만 그 감정들을 비집고 작은 틈새로 환하게 비치는 기대감과 설렘도 분명 있을 거야. 나도 그랬으니까.

이십 년 가까이 다니던 직장을 퇴직한다는 건 인생에 더없이 커다란 변화이자, 갑자기 지구가 통째로 흔들리는 대혼란이지. 더구나 언니는 차근차근 준비하고 계획했던 것도 아니고, 질병으로 인한 갑작스러운 퇴직이니 더욱 마음이 어지럽고 심란할 거야. 얼굴에 온통 쓰여 있어 안타깝고 안쓰러웠어. 그런 언니에게 잘했다고, 이제 마음 가는 대로 푹 쉬라고, 하나 마나 한 말만 하고 말았어. 그게 마음에 걸려 이렇게 몇 자 적는 거야. 퇴직은 그래도 내가 선배니까.

나는 입사 때부터 삼십 년만 근무하고 퇴직하겠다고 굳게 결심했는데도 막상 삼십 년이 되고 퇴직이 코앞으로 다가오니 무척 갈등 되더라고. 오랫동안 나 스스로 수도 없이 퇴직을 주입했기에 당연할 줄 알았는데, 그게 또 그렇지 않더라고. 잘한 결정인지, 이게 맞는 선택인지 머릿속이 복잡했어. 난 그저 직장 생활은 삼십 년이면 충분하다고 생각했어. 더구나 내가 좋아하며 보람을 느끼는 일도 아니고, 어린 나이에 우연히 들어가게 된 직장이기에 더더욱 애착이 없었던 거 같아. 사실 직장 생활이 참을 수 없을 만큼 힘들다거나 재미없지는 않았어. 보람도 있고 성취감도 있었지. 하지만 난 늘 내가 가 보지 않은 길을 바라고 꿈꿔 왔던 거 같아. 남들은 안정적이고 그만한 직장 없다고, 무슨 일이 있어도 끝까지 다니라고 했지만, 나는 내가 계획했던 삼십 년이 채워지길 손꼽아 기다렸지.

그러다 어느덧 삼십 년이 채워졌고, 나는 미련 없이 퇴직했던 거야. 특별히 할 일이 있었던 것도 아니야. 뭘 하든 아무것도 안 하든 직장이라는 울타리에서 벗어나 자유로워지고 싶었어.

퇴직을 하고 몇 달은 정신없이 보냈어. 그동안 낮에 못 했던 소소한 것을 하나씩 하기 시작했어. 여행도 하고 늦잠도 자고 영화도 보며 신나고 즐겁게 보냈어. 하루하루가 정말 쏜살같이 지나갔어. 하지만 특별함은 오래가지 않더라고. 얼마 안 가 익숙해지면서 그 기쁨도 점점 덜해지기 시작했어. 이제는 완전히 변화된 생활을 나의 일상으로 인정하고 받아들여야 했어. 쉽진 않았지. 삼십 년 동안 눈만 뜨면 정신없이 출근했었는데 이제는 일어나도 갈 곳이 없다는 것에 적응하는 것이 쉬울 수는 없겠지.

한동안은 날마다 힘든 시간이었어. 나와 수없이 대화하며 답을 찾는 시간이었어. 누군가 왜 그만두었냐고 묻는, 지나가는 소리조차도 거슬렸어. 내가 뭔 짓을 한 거지? 하는 질문을 수도 없이 반복했고, 뭔지 모를 울분과 서운함이 밀려들기도 했어. 갑자기 내가 세상에 쓸모없는 존재가 되어 버린 듯 절망감에 휩싸이기도 했고. 그래서 제주살이라는 잠시 혼자 있는 시간이 필요했던 거야.

난 제주에서 혼자 한 달 살면서 내가 좋아하는 것이 글쓰기라는 것을 발견하게 됐어. 혼자 도서관에서 책을 보고 저녁에 일기를 쓰는 시간이 제일 좋아. 영화를 보고 리뷰를 적거나 블로그에 글을 올리면서 조금씩 자신감을 가지게 되었어. 난 글쓰기를 통해 그동안 아프고 상처받아 울고 있던 내면 아이를 만날 수 있었고, 친구처럼 오래오래 대화할 수 있었어. 그러면서 마음이 안정을 되찾았지. 앞으로 어떻게 살아가야 하는지 방향이 보인다고나 할까. 내가 걸어가야 할 길이 선명해졌어. 이제 의심도 회의도 없이 그 길을 나만의 걸음으로 걸어가기만 하면 된다는 안도감이 느껴졌어.

그때부터 지금까지 날마다 일기를 쓰고 책을 읽으며 나름 자유롭게 하루하루를 채워 가는 중이야. 아직도 순간순간 흔들리는 마음을 다잡아야 할 때가 종종 있지만 말이야. 그래도 다행인 건 점점 좋아지고 있다는 거야. 이제는 몸도 마음도 제대로 적응하고 있는 것 같아. 평화롭고 만족스러운 게 딱 내가 바라던 대로야.

퇴직 후 한동안은 모든 것이 서운하고 서러워 눈물도 자주 날 거야. 아마 마음의 모서리가 많이 예민해져 있을 테니까. 가만히 두어도 하루가 다르게 단단해지고 무뎌질 테니 너무 조바심 내거나 초조할 필요는 없어. 특히 누군가 생각 없이 물어보는 말에 상처받거나 진지하게 대꾸할 필요는 없어. 왜냐하면 우리 삶이 아무나 휙휙 무례하게 들춰 볼 수 있는, 그런 건 아니니까. 사소한 것에 휘둘리거나 흔들리지 말고 꿋꿋하게 내 길만 가면 돼. 어차피 내 삶은 내가 사는 거고, 주인도 나니까. 나를 가장 소중하게 여기는 마음만 바닥나지 않도록 자주자주 채워 주면 될 거 같아.

한동안 나태해지고 게으르게 생활하는 것도 좋을 것 같아. 빈둥빈둥 유유자적하며, 삼시 세끼 잘 챙겨 먹고 건강 관리에만 전념해 봐. 얼마 안 가 분명 뭔가 해 보고 싶은 마음이 저절로 생길 거야. 그러면 그때 천천히 시작해도 늦지 않아. 굳이 뭘 하지 않아도 되지만 하나 정도는 좋아하는 것을 하는 시간도 필요한 것 같아. 내가 글쓰기를 하고 공예를 배우는 것처럼.

암튼 자유롭고 여유 있는 시간을 편안하게 누리고 즐기는 것이 생각만큼 쉽지 않다는 것은 미리 알아 둬. 왜냐하면 그동안 우리가 너무 바쁘게 억압돼 있었기 때문이야. 간절히 꿈꾸던 것을 막상 손에 쥐고 나면, 왠지 불안하고 어떻게 해야 할지 모르는 마음과 다르지 않아. 하지만 서두르거나 조급할 거 하나 없어. 내일도 오늘처럼 자유로운 새날이 어김없이 오리라는 믿음으로 느긋하게 시간을 맞이하고 보내면 돼. 그리고 뭔가 자꾸 열심히 하려는 생각을 버려야 해. 나도 한동안 뭐든 열심히 해야 할 거 같아 많이 불안했어. 그럴 때마다 내 마음을 다스린 주문은 '난 평생 할 일 이미 다 한 사람이야,

그러니 죽을 때까지 놀아도 돼.' 하고 힘주어 말하는 거였어. 그러면 차분해지면서 편안해지더라고.

너무 구구절절 길어졌네. 내가 항상 이렇다니까. 아무튼 퇴직을 진심으로 축하하고 이십 년 가까이 성실하게 최선을 다해 일해 온 언니가 자랑스러워. 앞으로 걱정과 고민일랑 말끔히 던져 버리고, 새로운 시간에 대한 기대와 희망만 가득했으면 좋겠어. 그동안 살아 보지 못한 삶도 살아 보고, 가 보지 않은 길도 가 보고. 날마다 새롭고 소소한 기쁨들을 발견하는 날들이었으면 좋겠어. 물론 우울하고 안 좋은 날들은 또 그런대로 견뎌 내고 참아 내는 힘이 있었으면 좋겠고.

하루하루 여유 있게 하고 싶은 것만 하며 자유롭게 보낸다고 생각해 봐. 즐겁고 행복하지 않아? 그러려면 많은 일을 그러려니 하고 흘려보내는 무심함과 느긋함도 필요할 거야. 웬만한 일은 신경 쓰지 말고 스스로만 챙겨. 건강도 챙기고 마음도 챙기고. 그리고 조급하게 서두르려는 마음을 지그시 눌러 주는 나만의 누름돌 하나 정도는 잘 준비하고. 정말 꼭 필요해. 가만히 있으면 안 될 것 같은, 뭐라도 열심히 해야 할 것만 같은 조급증이 수시로 불쑥불쑥 눈치 없이 찾아오거든.

지금의 결정이 분명 나중에 더 좋은 결과로 이어질 거야. '그때 퇴직하길 정말 잘했어!' 하는 날이 머지않아 올 거라고.

꼭 눈에 보이는 좋은 결과물이 있어서가 아니라 자유로운 시간을 보내며 건강을 챙기고, 새로운 경험을 하는 보통의 나날들만으로도 그렇게 느낄 거야. 언니나 나나 평생 살면서 맘 편히 놀아 본 적이 한 번도 없잖아. 이제는 일하듯 열심히 즐거움을 추구하며 놀아도 봐야지. 긍정적으로 밝은 생각 많이 하며, 힘차고 활기차게 제2의 인생을 맞이하길 바라. 나는 언니가 뭐를 하든 언제나 응원할 거야. 언니 앞에 놓인 새로운 삶에 늘 행운이 함께하길 바라며 사랑을 듬뿍 담아 동생이.

제1부 10년 일찍 백수를 선택하다

오늘 하루만 산다면

 산책길에 봄이 가득하다. 보얀 솜털의 버들강아지가 통통하게 살이 오르고, 어느새 연두색을 띤 버드나무는 부드럽게 출렁거리며 가지를 물 쪽으로 늘어뜨린다. 자글거리는 햇살이 빠른 걸음으로 나를 앞지른다. 겨우내 보이지 않았던 물오리 떼도 우아한 자태로 한가로이 호숫가를 거닌다. 그래도 아직은 게으른 겨울이 긴 꼬리를 늘어뜨린 채 꾸물거리고 있어 옷깃이 저절로 여며진다. 더러 성질 급한 사람들은 하얀 팔뚝을 드러낸 채 한여름이라도 되는 양 반소매 운동복 차림으로 달린다. 하긴, 오늘 같은 날은 나도 봄기운에 떠밀려 가벼운 차림으로 막 뛰고 싶긴 하다.
 촉촉한 땀을 흘리며 호수를 산책 후 남편과 오랜만에 나들이를 갔다. 새봄 향기가 가장 잘 묻어나는 너른 잔디밭과 오솔길이 있는 숲이다. 다들 나와 같은 생각으로 나온 것인지

주차장이 꽤 붐볐다. 가까스로 주차를 시키고 천천히 오솔길을 따라 걸었다. 봄 햇살이 내내 어깨 위에서 반짝이고, 바람이 뺨을 스치며 달아났다. 나무들도 가지 끝까지 빨간 힘줄이 돋고 차가운 물이 분주히 오르내렸다. 세상이 온통 생명의 몸짓과 소리로 축제를 벌이는 듯 생생한 활기로 가득 찼다. 온 만물이 영차영차 계절의 톱니바퀴를 힘껏 돌리며 저마다 봄맞이에 분주한 가운데, 나 혼자만 일없는 구경꾼처럼 한가롭게 서성이고 있는 것만 같다. 봄이 왔는데 나는 뭘 하고 있는가.

퇴직한 지 벌써 짧지 않은 시간이 흘렀다. 그동안 특별히 해 놓은 것은 없으나 아무것도 하지 않은 날은 없었다. 몸은 확실히 편해졌지만, 마음조차 편해지려면 조금 더 시간이 필요할 성싶다. 사람이 아무리 환경에 적응을 잘하는 동물이라 하지만, 삼십 년을 다닌 직장을 퇴직하고 하루아침에 다른 삶에 잘 적응하기란 쉽지 않다. 구체적인 설계나 목표가 있다면 모를까 단순히 이제부터는 지금까지와는 다르게 살아 보겠다는 결심이 전부라면 더더욱. 그동안 늘 불안하고 안정이 되지 않았다. 뭔가 하지 않는 시간은 왠지 낭비하고 버리는 시간처럼 느껴져 뭐라도 하려고 발버둥 쳤다.

아무 일 없어도 아침 일찍 일어나 책상에 앉아 책을 읽고 일기를 썼다. 낮잠과 TV를 멀리했다. 의미 없이 시간을 보내서는 안 된다는 강박감이 나를 괴롭혔다. 내가 이러려고 퇴직을 했나 하는 생각이 여유롭게 빈둥거리는 내 발목을 잡았다. 잘 다니던 직장에서 퇴직까지 했으니 직장에 버금가는, 아니 그 이상의 성과를 내면서 아주 잘 지내야 한다고 스스로 다그쳤다. 하지만 집에서 보내는 날에 날마다 특별함이 있을 리 없거니와, 눈에 보이는 성과를 만들어 낼 게 도대체 뭐가 있겠는가. 불만족스러운 날들이 쌓였고 점점 자괴감으로 자책하며 자신을 괴롭혔다. 오랫동안 계획하고 고민해서 결정한 퇴직이지만 솔직히 지금껏 완전히 받아들이지 못하고 있는지도 모르겠다. 몸뿐만 아니라 마음조차 편안하고 즐겁게 하루하루를 보낼 수 있어야 비로소 퇴직 후 삶을 제대로 살고, 새로움도 추구할 수 있을 텐데 말이다.

 봄이 되면 나무는 기꺼이 꽃을 피우고 초록 잎을 틔운다. 계절의 변화를 받아들일 수 없다고 한 계절 쉬는 때란 없다. 봄이 오면 어김없이 봄의 옷을 입고 봄의 향기를 뿜어낸다. 부정하거나 거부하지 않고, 저항하거나 이탈하지도 않는다. 세월이 흐르는 대로 절기에 맞게 묵묵히 받아들이고 순응한다. 자연은 자연스럽게 최선을 다하고 있는데, 나는 나답게 최선을 다하고 있는가. 퇴직 후의 삶을 진심으로 인정하고 받아들이고 있는가. 이미 건너와 버린 직장 생활 속에 아직도 머물러 있는 것은 아닌가.

지금은 과거도 미래도 아닌 바로 지금 순간만 보고 똑바로 살아갈 때다. 이제는 달라져야 한다. 지금까지와는 다른 삶을 편하게 받아들이고 순순히 수긍해야만 한다. 직장 생활 같은 규칙적이고 얽매인 생활만이 의미 있고 가치 있는 것은 아니다. 나를 돌아보고 보살피며 언제나 마음을 챙기는 것, 여유 있고 자유롭게 마음이 가리키는 대로 즐겁게 사는 것, 그것이야말로 내가 원하는 삶이다.

나는 앞으로 시간을 보내면서 지나가 버린 시간에 얽매이지도 않고 다가올 시간에 현재를 내어 주지도 않는, 바로 여기서 지금을 살 수 있는 기준 하나를 마련했다. 그것은 바로 '오늘 하루만 산다면'이다. 아침에 눈 뜨면 맨 먼저 오늘 하루만 산다면 하고 스스로 물어보는 것이다. 그러면 해도 그만 안 해도 그만인 것들은 가차 없이 솎아질 것이고, 쓸데없고 가식적인 것들은 단박에 걸러질 것이다. 가장 좋은 것을 먹고, 가장 보고 싶은 것을 보고, 가장 하고 싶은 일에 집중하는, 더 없이 귀하고 소중한 새날을 날마다 시작할 수 있을 것이다. 조기 퇴직에 따른 괜한 부담감 따위는 감히 비집고 들어 올 엄두도 못 낼 테다.

앞으로 살아가면서 뭔가를 선택하거나 결정을 할 때도, 사람을 만날 때에도 이 기준을 늘 가슴에 새길 것이다. 이는 최소한 나의 행동을 바르고 의미 있게 제어하고 나를 가장 나다울 수 있는 방향으로 이끌어 주리라 믿는다. 틀림없이 나는 점점 온전해지고 깊어질 것이다.

결심의 힘

　요즘 하는 거 하나 없이 시간만 보낸다. 시간은 아랑곳없이 저 혼자 잘 지나간다. 내가 뭘 하든 관심 없다. 조금 봐주는 것도 없다. 지체도 머뭇거림도 없이 제 갈 길을 날마다 가고 또 간다. 매번 먼저 지나간 시간의 꽁무니를 쳐다보며 야속하다고 발을 구른다. 어리석게도 지금 막 내 앞에 당도해 있는 소중한 시간은 그냥 둔 채. 지나고 나야만 선명해지는 시간의 존재감, 어쩔 수 없이 날마다 푸념과 변명만 늘어 간다.

　빼먹지 않고 날마다 일기를 쓰겠다는 결심은 삼 일을 못 갔다. 아름다운 수필 한 편씩 필사하겠다는 결심도 한 편 쓰고는 그만이다. 수필 공모전에 응모해 보겠다고 큰 용기 냈던 결심은 아직 시작조차 못 하고 있다. 날마다 좋은 책을 읽고 음악을 듣겠다는 결심도 흐지부지되어 가 일주일에 책 한 권 읽기도 빠듯하다. 결심은 쉽고 간단하다. 실행은 어렵고 귀찮다. 결심하고 나면 그 순간은 뿌듯하고 홀가분하다. 그 가볍고 정리된 듯한 기분을 나는 좋아하고 즐기는지도 모른다. 결심하는 그 순간에는 오로지 결심만 하면 되니까. 실행은 그다음부터고 그다음은 그다음에 오는 법이니까.

나는 단지 결심하는 순간이 주는 쾌감과 각이 딱 맞게 개켜지는 듯한 정돈이 좋아서 자주 결심한다. 새로운 결심은 핑계와 변명도 필요 없이, 그동안의 게으름과 나태를 너그러이 용서해 준다. 새로운 결심을 하기만 하면 뭐든 그릴 수 있는 새하얀 도화지를 한 장씩 새로 받는 느낌이다. 새로운 기회가 선물처럼 한 번 더 생긴다고나 할까. 나의 결심은 실행을 위한 것이라기보다는 결심을 위한 결심이었다. 늘.

그래도 나는 결심의 힘을 믿는다. 실행하지 않더라도 결심은 결심만으로도 무시할 수 없는 힘을 가진다. 책도 손에 잡히지 않고 음악도 귀에 들어오지 않는 속 시끄러운 밤이면 슬그머니 노트북을 꺼낸다. 뭘 쓰든 글쓰기 마지막은 항상 야무진 다짐과 결심으로 끝난다. 반듯한 초등생처럼 늘 반성하고 자책한 후면 새로운 결심을 한다. 그러면 한결 가벼운 마음에 절로 기운이 솟는다. 지금까지는 주저앉아 있었다면 내일은 분명 툭툭 털고 일어나 힘껏 걸을 수 있겠다는 희망이 생긴다. 새로운 하루를 앞둔 설렘과 기대로 부풀기도 한다. 막상 내일이 되면 그대로 주저앉아 있을지도 모르지만.

 이러한 결심은 어떡하든 나를 앞으로 나아가게 만든다. 힘차게 앞에서 끌어 줄 힘은 못 되더라도 살짝 뒤에서 손가락 하나 정도의 미는 힘이랄까. 이런 힘들이 모여 결국은 일어나 앞으로 나아갈 수 있으리라 믿는다. 실행이 없으면 결심은 한낱 부질없고 아무짝에도 쓸모없이 흩어지고 마는 걸까. 나는 결심 자체가 주는 힘찬 기운과 에너지를 믿는다. 그 힘이야말로 종종 마음을 다독이고 가지런하게 만들어 새롭게 나아가게 하는 동력이 되어 주기 때문이다.

 뭐든 날마다 새롭게 결심하고 다짐하며 내 마음을 정돈해 나갈 작정이다. 실행하지 못하더라도 자책하거나 포기하지 않고.

 다시 결심해 본다. 매일 정성껏 일기를 써 보겠다고. 하루에 수필 하나씩 필사를 하겠다고. 그리고 책을 더 열심히 읽겠다고. 매일 마음을 모아 다짐하고 결심한다면 적어도 보이지 않게 나약한 나 자신을 이끌고 나아가고 있는 것일 테니까. 그래, 모든 것은 마음먹기 나름이라는 말도 있잖아. 세상일은 결심하기에 달린 거야. 한 번 더 결심의 힘에 힘껏 기대 마음을 추슬러 본다.

상처를 돌보는 시간

 오전에 치과를 다녀와 옛 직장 동료와 가까운 곳에서 점심을 먹었다. 지금은 몸이 아파 휴직 중인 친구다. 아직도 주 2회씩 병원에서 치료를 받고 있단다. 예전에 몰랐던 크고 작은 질병의 조짐이 느닷없이 한꺼번에 찾아와 그동안 치료받느라 바빴단다. 거의 일 년 만인데 그래도 얼굴이 좋아 보여 다행이었다. 깡마른 체구에 어딘가 모르게 그늘이 보이던 친구였는데 두둑하게 살이 붙은 얼굴엔 여유와 편안함이 가득 어려 보였다. 역시 마음 편히 쉬는 것만큼 좋은 치료 약은 없나 보다. 내 얼굴도 좋아 보인다며 칭찬했다. 나는 늘 같은 얼굴이지만 오랜만에 보는 다른 사람 눈에는 달리 보이나 보다. 둘 다 좋아진 얼굴로 여유 있게 묵은 이야기를 오래오래 나눴다.
 나처럼 어린 나이에 직장 생활을 시작해 지금껏 제대로 쉰 적 없이 일만 하다 보니 여기저기 몸이 말썽이란다. 목디스크를 치료하다 보니 갑상선에 이상이 발견돼 치료 중이고 기타 자질구레한 질병이 용케 찾아오고 있다고, 나이는 정말 어쩔 수 없다며 체념한 듯 말했다. 우리 나이가 그 정도 나이지 하고 맞장구를 치다 보니 왠지 서글픔이 밀려들었다. 그러지 않아도 요즘 발치로 상실감에 젖어 보내는 터라 더더욱 몸이 병들고 늙어 간다는 것이 우울하고 쓸쓸했다. 아무리 수다를 떨어도 어찌할 뾰족한 수가 없다는 건 알지만, 그래도 온갖 증상을 길게 털어놓느라 분주했다. 마치 쏟아 낸 만큼 말끔하게 고쳐지기라도 하듯이.

우리는 모두 팔십 년대 말인 스무 살부터 직장 생활을 시작했다. 친구들은 대학 진학을 하는 동안 일찌감치 관료 조직에 입사해 적응하느라 온갖 시련을 견뎌야 했다. 친한 친구가 방학 때면 대학생 아르바이트생으로 오는 우울감을 참아야 했고, 고등학교 때 담임 선생님에게 웃는 얼굴로 각종 증명서를 떼어 드리는 창피함을 억지로 삼켜야 했다. 교육을 가면 가장 나이 어린 직원이라고 일어나 보라며 내 이름을 부르는 강사의 목소리도 들어야 했고, 나이 어리다고 무례하게 말하고 행동하는 나이 많은 직원도 묵묵히 견뎌 내야 했다. 유난히 섬세하고 예민한 시기에 그 모든 걸 직장에서 원하는 친절한 미소 뒤에 감춰야 했다. 그러면서 삼십 년을 일하고 나는 퇴직하고 그 친구는 질병 휴직을 한 것이다.

비슷한 경험을 우울한 추억으로 간직한 친구랑은 아무렇지 않게 말할 수 있지만, 아직도 누군가에게 꺼내 보일 수 없는 아픈 상처로 남아 있는 시간 들이다. 그 시간의 뜰을 거닐 때면 스무 살 내가 슬픈 얼굴로 웅크리고 있다. 어디에도 기댈 수 없고 누구에게도 위로받을 수 없는 늘 외롭고 추웠던 그 시절 내가 언제나 고개를 떨구고 있다. 그때부터 난 항상 긴장하고 걱정하는 버릇이 생긴 건 아닌가 싶다. 남에 눈치를 보고 표정과 안색을 살피면서 알아서 분위기를 맞추는, 그렇게 하는 게 잘하는 것이고 인정받고 칭찬받는 것이란 걸 그때부터 내 의식 속 깊이 새겨 넣었던 것 같다. 어떡하든 인정받고 칭찬받아야 살아남을 수 있었으니까. 내 기분보다는 남의 기분이 중요하고 내 의견보다는 상사나 동료의 의견이 중요했다. 그러다 보니 나의 감정이나 의견은 드러낼 수 없었고 점점 희미해졌다. 늘 어깨에 잔뜩 힘이 들어가고 긴장되었다. 달리 여유도 없었고 즐겁지도 않았다. 오직 책임감과 의무감으로 버티는 시간이었다.

그런 내게 유일한 숨구멍은 삼십 년만 근무하고 퇴직하겠다는 꿈이었다. 당시의 삶은 꿈을 이룬 후에 찾아올 새로운 삶을 위해 희생해도 되는 시간쯤으로 여겼다. 힘든 일이 있을 때면 퇴직 후의 삶을 떠올리며 힘을 얻고 다시 일어섰으니까. 지금 생각하면 얼마나 바보 같은 생각이었는지. 짧은 기간도 아닌 삼십 년인데, 더구나 그 시기는 내 인생에 가장 빛나는 절정의 시기였는데, 그 길고도 소중한 시간을 나중에 다가올 삶을 위해 포기하고 유예하며 얼른 지나가기만을 바라며 보내다니, 바보도 그런 바보가 없었다.

나는 왜 직장 생활을 하던 그 시기를 내 삶으로 흠뻑 끌어안지 못했을까.

지금 와서 아무리 아쉬워한들 돌이킬 수는 없다. 다만 다시는 그런 바보 같은 멍청이 짓은 하지 말아야 한다는 사실만은 명확하다. 나중은 있을 수 없다. 내게는 지금 '이 순간'만이 존재한다. 나중을 위해 지금 '이 순간'의 삶을 희생하거나 단순히 거쳐 가는 것쯤이라고 가볍게 생각해서는 안 된다. 지금이나 나중이나 나의 삶은 더없이 소중하고, 모든 순간 행복하게 살아가야 할 권리와 의무가 있다. 이 점을 명심 또 명심해야겠다.

요즘 나를 돌아보는 시간을 많이 갖는다. 바라봐야 할 것보다 돌아봐야 할 게 더 많아져서일까. 더 오래, 더 세밀하게 들여다보고 있는 날이 많다. 그동안 내가 지나온 시간의 무늬가 점점 선명해진다. 나의 괴로움과 나의 외로움의 뿌리가 어디에 닿아 있는지, 왜 그리 인간관계가 피로하고 직장 생활이 고단했는지, 하나하나 글로 옮기다 보면 조금씩 나를 이해하게 된다. 나를 이해해야 다른 사람도, 세상도 이해할 수 있으리라. 나는 더 자주 더 깊이 나를 들여다볼 것이다. 가지 끝까지 섬세하게, 그동안 내가 겪었던 외로움과 괴로웠던 순간들을 파헤쳐 볼 작정이다. 그 안에 과연 뭐가 들었는지, 왜 그랬는지, 뭐가 문제였는지를, 그냥 덮고 넘어간다면, 여전히 나는 거기에 머물 수밖에 없을 테니까.

상처를 마주하는 일이 아무리 힘들고 아파도 어쩔 수 없이 감당할 몫이다. 그냥 두면 저절로 아무는 상처는 없다. 보이지 않게 숨겨 둔 상처는 죽을 때까지 상처로 남는 법, 아무리 아파도 피하지 말고 제대로 마주하며 치료해야 한다. 지워지지 않는 흉터로 남을지라도. 나를 알고 이해하려 애쓰는 지금이 바로 상처를 돌보는 시간이다.

보통의 일상

오랜만에 친구와 아침 산책을 다녀왔다. 그리 이른 시각도 아닌데 첫 새벽처럼 차가우면서도 새것에서 풍기는 정갈함이 느껴졌다. 안개는 아직 할 말이 남았는지 호수를 감싸며 머뭇거리고 벌써 부지런한 사람들은 뛰고 걷고 소란스럽다. 호호~ 마스크를 제치고 입김을 불어 보니 연기처럼 피어올랐다. 이제 완연한 겨울이다. 이틀만 있으면 올해 마지막 달이 시작되니 올해도 다 갔다. 요즘 특히 세월이 빨라졌다는 걸 실감한다.

어, 하다 보면 벌써 하루가 가고 일주일이 지나고 한 달이 훌쩍 떠나 있다. 한 것도 없고, 할 것도 딱히 없다. 그저 잘 먹고 잘 자고 잘 노는 게 다다. 가끔 외롭고 때때로 쓸쓸하고 돌아서면 그리움이 덥석 목덜미를 잡는다. 외로움과 쓸쓸함은 차곡차곡 모았다가 바람 불 때 휙 날리면서 안녕하면 그만이다. 초대한 적 없는 친구처럼 불쑥 또 찾아와도 그러려니 하고 만다. 하지만 그리움은 그냥 어깨에 먼지처럼 달고 사는 수밖에 없나 보다. 아무리 털어 내도 기어이 덕지덕지 붙어 버리니. 아무도 눈치채지 못하게 숨기느라 보통 성가신 게 아니다. 옷을 입고 벗듯 그리움도 잠시 벗어 놓을 수 있으면 좋으련만.

그동안 말이 고팠는지 산책하는 내내 쉴새 없이 친구와 수다를 떨었다. 요즘 항간에 떠도는 소문과 이슈 그리고 새롭게 퍼지고 있는 변종 바이러스 이야기까지. 확실히 얘기가 고프긴 고팠었나 보다. 말을 많이 하다 보니 저절로 생기가 돌고 활력이 솟았다. 역시 마음 맞는 친구와의 수다만큼 좋은 건 없다. 자주 친구도 만나고 새로 사귀기도 해야겠다. 혼자로도 충분하지만 둘도 좋다. 사람이니까 감당해야 하는 외로움은 어쩔 수 없다 치더라도 너무 외로움에 매몰되지는 말아야겠다. 때로 외로움이 좋을 때도 있지만 함께하는 즐거움만 하겠는가. 자주 함께 어울리며 가볍고 즐겁게 살아야겠다. 오늘이 그동안 늘 꿈꿔 오고 바라던 바로 그날임을 잊지 않으면서.

온전히 나인 채로 하고 싶은 것 마음껏 해도 되는 자유와 여유가 참 좋다. 세상과 타인에게 무해하기만 한다면 어떤 구속도 통제도 비집고 들어올 틈을 불허한다. 귀중한 시간과 기회를 쓸데없는 걱정으로 허비하진 않겠다. 그런 바보짓은 지금까지로 충분하니까. 그렇다고 즐겁고 행복한 삶을 억지로 강제하지도 않고 자연스럽게 마음 가는 대로 지금 여기 존재하는 삶을 살겠다.

집에 돌아오니 따스함과 아늑함이 앞다퉈 달려와 안겼다. 고요가 눈처럼 소복하게 내려앉은 가구와 집기들이 주인님! 하면서 빤히 쳐다본다. 더없이 편안하고 안심이 되는 공간이다. 즐겨 듣는 라디오를 켜고 와인을 한잔 따랐다. 늦가을 혼자 보내는 날에 와인이 빠지면 서운하리라. 천정에서 툭 하고 떨어지는 정적을 안주 삼아 한 모금 삼키니 역시 색다른 맛이 난다.

와인 이야말로 누구와 언제 어디서 어떤 기분으로 마시는지에 따라 그 맛이 달라지는, 가장 민감한 술이 아닌가 싶다. 미묘하고 미세한 차이지만, 그 섬세함이 좋다. 자꾸 속엣말을 털어놓고 싶어진다. 나의 감정을 작게 더 작게, 가장 작게 쪼갠 후 마지막에 남는 하나까지, 모조리 보여 주고 싶어진다. 가장 예민하면서도 가장 풍부한 맛을 여러 겹으로 숨기고 있는 와인이 술 중에 가장 나를 닮은 듯해 자주 손이 간다. 혼자 있는 시간을 부드럽게 적셔 주며 위로해 주는 고마운 존재다.

혼자 있는 시간. 충만하게 즐기리라. 달콤한 영화도 보고 감미로운 음악도 듣고 나긋나긋 책 읽어 주는 것도 듣고. 할 일은 무궁무진하다. 기대도 안 했는데 갑자기 안겨 주는 깜짝 선물처럼 기쁘게 이 시간을 만들고 채워 보리라. 두 번 다시 오지 않을 이 소중한 시간을.

문득 이런 생각이 든다. 어쩌면 아직도 나는 시간을 잘 보내는 척만 했지, 실제로는 잘 보내지 못하는 건 아닐까 하는. 이렇게 날마다 시간을 의식하고 잘 보내자고 다짐하는 것만 봐도 그렇다. 잘 보내고 있다면 잘 보내자는 다짐이 더는 필요치 않을 테니까. 정말 행복한 사람은 행복을 다짐하지 않듯이. 늘 뭔가 신나고 즐겁고 의미 있는 것들로 시간을 꽉꽉 채우려는 욕심을 부리니 잘, 더 잘, 보내자는 다짐을 하고 또 하게 된다. 언제쯤이나 시간은 그저 존재하는 것임을 온전히 깨닫게 될까. 날마다 쫓기듯 헉헉대며 채우는 것이 아니라, 오롯이 나로 존재하기만 하면 되는 그런 것임을.

제2부

더 가까이, 더 오래 가족과 함께

엄마는 추억으로 나를 키운다

 어느새 갈색 수염을 단 옥수수가 담장 밖으로 고개를 삐죽 내민다. 벌써 도로변에는 햇옥수수라는 간판이 여기저기 세워졌다. 커다란 양은솥엔 김이 솟고 껍질을 벗기는 손길이 분주하다. 고소하고 푸근한 냄새가 지나가는 차들을 유혹한다. 알갱이가 가지런히 박힌 곧고 매끈한 옥수수가 산처럼 쌓여 있다. 톡톡 터지면서 입안 가득 번지는 달착지근한 맛과 향은 언제나 추억에 젖게 한다. 어릴 적 시골의 여름밤은 평화롭고 길었다. 저녁을 먹고 한숨 곤히 자고 일어나도 아홉 시 뉴스가 한창이었다. 우리는 식구가 많았다. 옥수수도 가마솥으로 가득 쪄야 했다. 여름에 허기를 달랠 간식거리로 옥수수만 한 것이 없었다. 평상에 금방 찐 옥수수를 한 바구니 내오면 우리는 너도나도 좋은 것을 차지하려고 빠르게 모였다. 한꺼번에 여러 개를 가져가지 않고 하나씩 먹고 또 먹는 것이 보이지 않는 규칙이었다. 우리는 저마다 눈을 마주치며 맛있게 먹었다. 때로는 손으로 가득 알을 따서 엄마 입에 넣어 드리기도 했다. 엄마는 못 이기는 척 받아 드시면서 미소를 보이셨다.

바로 위에 언니와 나는 옥수수 알이 떨어지지 않게 붙은 채로 누가 더 길게 따는지를 종종 내기하곤 했다. 우선 옥수수 알갱이가 바르게 정렬되어 있어야 하고 조심스럽게 살살 따야 길게 붙은 채로 딸 수 있었다. 찬찬한 언니는 스무 개도 넘게 따곤 했지만 덜렁대고 성질 급한 나는 매번 열 개를 넘지 못해 약이 올랐다. 옥수수로 배를 채운 우리는 엄마 무릎 위에서 잠이 들었다. 엄마는 알아들을 수 없는 노래를 흥얼거리며 어깨를 토닥이셨다. 아무 걱정이 없었다. 다정한 엄마가 있었고 놀아 주는 언니가 있었으며 반짝반짝 나를 비추는 별이 있었다. 여름밤은 그렇게 달콤하고 포근하게 익어 갔으며 엄마의 안온한 울타리 안에서 우리는 맘껏 재잘거리며 마당의 푸성귀처럼 하루가 다르게 쑥쑥 자랐다. 지금도 옥수수를 먹을 때면 가만가만 내 어깨를 토닥이던 엄마의 마른 손길과 구슬픈 흥얼거림이 그리워진다.

커다랗고 누런 배를 볼 때도 어김없이 엄마가 그리워진다. 배는 엄마가 가장 좋아하는 과일이다. 내게 배는 사과와 같은 과일이 아니라 곧 엄마다. 어릴 적 엄마는 종종 며칠씩 앓아누웠다. 부은 얼굴로 눈 뜨기도 귀찮은지 눈을 감은 채 먹지도 않고 꼬빡 앓았다. 그럴 때면 시내에서 직장 생활을 하던 오빠가 버스 끊긴 고갯길을 걸어 엄마가 좋아하는 시원하고 물 많은 배를 사 들고 왔다. 가까스로 엄마를 일으켜 단물이 흐르는 배를 정성스레 깎아 입에 넣어 드리면, 엄마의 부은 얼굴에는 어색하지만 배 속처럼 환한 미소가 번졌다. 기운은 없어 보였지만 다시 힘을 낼 거라는 확신과 밤중에 힘겹게 와 준 사랑하는 아들에 대한 고마움이 뒤엉킨 미소였다. 그때 엄마가 드신 배는 오빠의 사랑을 갈아 만든 약이었다. 우리 엄마에게만 용하게 잘 듣는 사랑의 묘약이랄까. 오빠가 잠깐 눈을 붙이고 첫새벽 집을 나서면 엄마는 약속이나 한 듯 기운을 차리고 일어나셨다. 엄마는 오빠가 사 오는 배가 먹고 싶어 아픈 척 한 건 아닌가 하는 철없는 생각이 들기도 했다. 아픈 엄마에게 든든한 아들이 보여 준 정성과 사랑은 아픈 몸을 일으키는 힘이 되었고 다시 살아갈 충분한 이유가 되었다.

이제 와 생각해 보면 엄마의 잦은 병은 화가 쌓여서 생긴 듯했다. 가난하고 고된 살림과 많은 아이 틈에서 속상한 일이 얼마나 많았겠는가. 모든 불평과 불만은 엄마에게로 모였다. 제각각 필요하고 바라는 것도 엄마를 통했다. 막내였던 나는 엄마에게 빚 받으러 온 사람처럼 당당하게 더 자주 화내고 더 크게 소리쳤다. 없는 줄 알면서도 더 많이 내놓으라 떼를 썼다. 자식이 원하는 것을 맘껏 흡족하게 해 주지 못하는 마음이 얼마나 초라하고 아팠을지 내가 아들을 키우면서야 비로소 알게 되었다. 오빠가 사다 준 단물 흐르던 배는 이렇게 막히고 답답한 엄마의 속내를 잠시나마 잊게 해 주는 위로였고, 지극한 사랑에 대한 감동이었다. 나는 엄마에게 제대로 해 드린 게 없다. 손이라도 자주 잡고 살가운 말이라도 더 많이 할 걸, 후회는 항상 늦다. 내 손으로 배 한 쪽 사 드릴 때까지 기다려 주지 않은 야속한 엄마, 내가 돈을 벌어 뭐든 해 드릴 수 있을 때는 이미 거동조차 불편해 필요한 것이 하나도 없었다. 모든 게 아쉽고 후회스럽고 원망스럽다. 내가 배를 마음 편하게 먹을 수 있는 날은 평생 없을 듯하다.

엄마가 늘 아가라고 불렀던 막내딸이 어느덧 중년이 되었다. 아들을 키우면서 날마다 엄마와의 추억을 들려주고 있는 걸 아시고 계실까. 옥수수를 먹을 때도 배를 깎을 때도. 애석하게 아들은 외할머니를 내 이야기로만 상상한다. 실제로 볼 수 있다면 내가 말한 것보다 훨씬 다정한 할머니임을 바로 알 텐데. 무수히 많은 추억으로 엄마는 항상 내 속에서 나와 함께 숨 쉰다. 함께 보냈던 시간의 질감으로, 서로 어루만지던 마음의 결로 엄마의 마음이 내 마음에 선명하게 물들어 있다. 엄마를 가슴에 담은 내가, 엄마를 닮은 엄마가 되어 아들을 바라본다. 내가 아들을 바라보는 그 너머에 엄마 얼굴이 있고 표정이 보이고 목소리가 들린다. 내가 아들에게 쏟는 사랑과 정성에도 엄마의 사랑은 보이지 않게 담겨 있다. 사랑은 연결되어 흐른다. 끝없이 흐른다. 엄마가 내게, 내가 아들에게, 아들은 또 제 아이들에게 그렇게 영원히.

이번에도 또

 이제 20분 남았다. 아들이 치른 컴퓨터활용능력 1급 필기 시험 합격자 발표가 나는 10시까지는. 다른 날보다 일찍 일어나 긴장한 채 기도하는 마음으로 기다리고 있다. '아들은 나보다 더 초조하겠지.' 하는 생각에 살짝 아들 방문을 열어 보니, 웬걸 세상모르게 코를 골며 자고 있다. 왠지 불길한 예감이 싸하게 온몸을 훑고 지나갔지만 애써 마음을 가라앉힌다.
 세 번째 도전한 시험이다. 자격증 시험이 쉽지 않다는 것쯤은 나도 안다. 더구나 명색이 1급이지 않은가. 처음 떨어졌을 때는 '그래, 한 번은 그럴 수 있지. 한 번에 되는 사람이 몇 있겠어?' 하고 이해했다. 약간 실망하는 아들을 오히려 격려하고 응원하는 너른 마음을 가진 괜찮은 엄마였다.
 두 번째 시험에서 떨어졌을 때는 황당하고 약간 어이가 없었다. '그 시험이 뭐라고 또?' 차라리 내가 보는 게 낫겠다 싶었다. 열심히 공부해 한 번에 떡하니 합격하는 멋진 엄마의 모습을 보여 주고 싶었다. 더구나 두 번째 시험 장소는 조금 멀리 떨어진 지역이라 세 개의 고속도로를 갈아타며 데려다주기까지 했다. 어쩌면 내 입방정이 문제였는지도 모른다. 가는 내내 아들은 차 안에서 문제집을 뒤적였지만, 나는 오붓하게 둘만 가는 나들이 같아 기분이 들떠 있었다. 하늘도 맑고 햇살도 적당하고 운전하기 딱 좋은 초가을날이었다. 나는 혼자 좋은 기분에 취해 '다음에 이렇게 둘이 한 번 더 시험 보러 온대도 좋겠다.'라고, 하지 말아야 할 말을 하고 말았다. 간절히 합격 기도를 해도 시원찮을 판에, 조금이라도 떨어지길 바라는 마음을 품다니. 아들과 다정하고 오붓한 분위기라면 사정없이 흔들리는 철없는 엄마라니.

첫 번째는 몰라도 두 번째는 나도 일말의 책임이 있는 듯해 아들에게 뭐라고 하지도 못했다. 그저 '삼세번'이라는 말도 있으니 다음에는 잘해 보자고 다독이는 양심 있는 엄마였다. 아들은 지금 당장 절실히 필요한 자격증이 아니라서 그런지, 간절함도 없었고 최선을 다하는 것 같지도 않았다. 아마 그 자격증이 없으면 오늘부터 게임을 할 수 없다고 한다면 분명 눈에 불을 켜고 공부하지 않았을까. 당연히 한 번에 합격했을 것이다. 당장 필요하지는 않지만, 미래를 위한 준비로 자의 반 타의 반 억지로 하자니 공부가 될 리 없었다. 조금 더 스스로 하고 싶은 마음이 들 때까지 재촉하지 말고 기다려 줄 걸 하는 아쉬움이 뒤늦게 찾아왔다.

늘 엄마 노릇이 서툴고 부족하다는 생각에 답답하다. 요즘은 전문가에게 상담이라도 받아 보고 싶은 심정이다. 서로 화를 내며 큰 소리로 싸우더라도 할 말은 다 해야 하는지, 아니면 거리를 두고 뭘 하든 전적으로 신뢰하며 묵묵히 기다려 줘야 하는지, 도통 판단이 서질 않는다. 현명하고 지혜로운 엄마까지는 바라지도 않는다. 그냥 서로 마주 보고 웃으며 대화할 수 있는 보통 엄마이기만 하면 되는데, 그것도 좀처럼 쉽지 않으니 문제다.

어쨌든 아들과 함께하는 모든 순간, 내가 마음에 새길 것은 오로지 하나, '모든 걸 이해할 수는 없어도 사랑할 수는 있다.'라는 말이다. 시도 때도 없이 고개를 드는 아들에 대한 불만과 분노를 사랑으로 부드럽게 쓰다듬어 잠재워 줄 수 있는 나만의 주문이다.

벌써 10시가 지났다. 아직 자는 건지, 실망스러운 결과에 자는 척하는 건지, 아무런 기척이 없다. 혹시 이번에도 또?

운전은 늘 겁나

 봄기운이 완연하다. 겨우내 교복처럼 입었던 패딩이 이제는 무겁다. 약간 알싸한 기운이 아예 없지는 않지만, 두꺼운 옷에는 더 이상 손이 가지 않는다. 햇살이 좋으니 표정이 절로 밝아진다. 주행 시험을 앞둔 아들에게 운전 연습을 시켜주러 오랜만에 한적한 도로로 나왔다. 산업 단지 외곽은 차들이 잘 다니지 않는 넓은 길이라 연습하기 맞춤한 곳이다. 워낙 겁이 많은 아이라 걱정이 많았는데 생각보다 곧잘 했다. 오늘 아들에게 가장 많이 한 말은 '살살'이었다. 한 오십 번은 족히 한 것 같다. 이렇게 조심스럽게 시작해도 얼마 안 가 과감하고 대범해질 테지만 말이다. 웬만하면 아들이 운전을 안 했으면 좋겠는데, 운전 안 하고는 살기 힘든 세상이니 어쩔 수 없다. 그저 살살 조심하라고 귀에 딱지가 앉을 정도로 잔소리하는 수밖에.

아들이 내 배 안에 있었을 때 아들과 나는 큰 교통사고를 당했다. 출산 예정일을 두 달쯤 남겨 놓은 때였다. 출산 휴가 들어가기 전 저녁을 사겠다는 동료의 차를 타고 시내로 나오는 길이었다. 만삭이 되어 오는 배를 안고 신호 대기에 서 있는데, 갑자기 꽝하고 뒤차가 내가 탄 차 후미를 사정없이 들이받는 것이었다. 빨간 신호에 서 있던 차를 보지 못한 부주의 운전이었다. 나중에 밝혀진 바로는 음주 운전이라고 했다. 나는 반사적으로 오른쪽 다리를 짚으며 앞으로 쏠리는 몸을 지탱했다. 다행히 정신을 잃지는 않은 채, 곧바로 구급차에 실려 병원으로 옮겨졌다. 정말 기적적으로 아이는 아무 이상이 없었고 나는 오른쪽 발목에 심한 골절상을 입었다.

병원에 두 달 넘게 입원해 있었다. 다리 붓기가 어느 정도 가라앉은 후, 아이를 제왕절개로 먼저 출산해야 발목 골절에 따른 수술이 가능하다고 했다. 나는 열흘 정도 만삭의 배를 부여잡고 붓기가 덜할 때까지 다리를 치켜올린 채 꼼짝 못 하고 누워 있었다. 제일 괴로운 건 옆으로 돌아눕지 못하는 것이었다. 몸통은 두고 팔과 고개만 옆으로 돌려 보기도 하고, 엉덩이를 살짝 들어도 봤지만 편치 않았다. 특히 밤중에는 잠을 잘 수 없을 정도로 불편했다. 나중에 알고 보니 배 속 아이도 나만큼이나 불편했던지 몸 전체가 반 바퀴 돌아가 있었다.

두 달 정도 일찍 태어난 아들은 인큐베이터에 잠시 있다가 무사히 내 품에 안겼다. 그 시기가 내 인생에 가장 힘들고 괴로운 고난의 시간이었다. 그 시간을 배 속에서 함께 참고 견뎌 준 게 아들이다. 지금까지 종종 아들에게 말한다. '나와 가장 힘든 시기를 함께해 준 사람은 바로 너라고, 네가 있어 죽을 고비를 이겨 낼 수 있었다고.'

그 후 한동안 나는 운전대를 잡지 못했다. 남의 차를 타는 것도 불안하고 겁났다. 꽝 하던 그 순간의 기억은 좀처럼 사라지지 않고 나를 괴롭혔다. 모든 뒤차가 내가 탄 차를 박으려고 무서운 속력으로 달려오는 것 같아 잠시도 안심이 되지 않았다. 모든 신경이 곤두서며 오싹한 한기가 느껴졌다. 하지만 운전하지 않고는 출퇴근을 할 수 없어 어쩔 수 없이 운전을 시작해야만 했다. 얼마 후 시내 운전은 할 만해졌는데 장거리는 여전히 겁나고 두려웠다. 지금도 복잡한 시간대나 밤 운전은 되도록 피한다. 아들과 내가 그렇게 큰일을 당하고도 차가 겁나지 않다거나 운전이 즐겁다면 거짓말이거나 허세일 것이다.

나도 아들도 유난히 겁도 많고 차도 무서워하며 운전을 좋아하지 않는다. 아들의 면허 취득도 최대한 미루다가 이번에 어쩔 수 없이 도전한 것이다. 용기 내기가 얼마나 힘들었을지 안쓰럽고 미안할 따름이다. 너무 겁내고 두려워하지 말라고, 네가 할 것은, 지킬 것 지켜가며 차분하게 방어 운전을 하는 것뿐이라고, 그래도 사고가 나는 것은 누구도 어쩔 수 없다고. 아들에게 하는 말은 고작 이런 말들이다. 해도 그만 안 해도 그만인, 안심도 도움도 될 수 없는 말들임을 잘 안다. 나만 잘한다고 안전할 수 없고, 아무리 안전 운전을 해도 한순간 실수할 수 있는 게 운전이니까. 이래저래 운전은 위험하고, 안 할 수 있다면 안 하는 게 제일이라는 것이 운전에 대한 내 결론이다. 그런데 어디 운전을 안 하고 살 수 있는가. 자꾸만 위험 속 한가운데로 떠밀리는 것 같은 현실이 안타까울 뿐이다.

얼마 전 만난 친구는 딸이 운전하는 차 뒷좌석에 앉은 기분이 얼마나 좋은지 길게 늘어놓았다. 아무 걱정 없이 편안하게 앉아만 있어도 되는 것이 그렇게 좋을 수가 없단다. 술도 마음대로 마시고, 데리러 오라면 쪼르르 달려와 안전하게 집까지 모셔 온다고, 이제는 장거리 여행을 갈 때도 딸이 운전하는 차를 타고 간다며, 어딜 가든 운전은 걱정 없다고 자랑했다. 나도 아들이 운전하는 차를 타고 어딘가로 여행을 떠나는 모습을 상상하니 역시 입이 다물어지지 않게 좋긴 좋았다. 아들 학교에 태워다 주고 태워 오던 때가 엊그제 같은데, 벌써 아들이 운전하는 차 뒷좌석에 앉아 가는 편안함에 기분 좋아 할 처지라니, 쉬지 않고 흘러가는 세월에 좋아해야 할지 서운해야 할지 갈피를 못 잡겠다.

아직은 그런 호사까지 바라지도 않고 누리고 싶지도 않다. 그저, 저나 안전하고 무탈하게 잘 타고 다녔으면 좋겠다. 운전에 대한 두려움에 부디 지지 말고 삶의 질을 높이는 편리한 이동 수단으로, 잘 부리며 살길 바랄 뿐이다. 아들이 가는 길에 태클을 거는 차들이 부디 하나도 없기를, 대로에 혼자 달리듯 아무런 문제 없이 쭉쭉 달릴 수 있기를 엄마의 마음으로 바라본다. 그나저나 이번 시험에 합격 먼저 하고 볼 일이다.

침묵보다는 소란이 좋다

일찍 일어나 서둘러 아침을 먹고 남편과 집을 나섰다. 멀지 않은 곳에 있는 숲길을 걷기로 한 날이다. 평일이라 한적하고 고요해 무엇보다 좋았다. 왕복 두 시간 남짓 걷는 동안 딱 두 사람 마주쳤다. 오랜만에 마스크를 벗고 맑은 공기를 마시니 정말 살 것 같았다. 사람이 없는 숲속엔 맑은 공기와 새소리로 가득했다. 매미들조차 천천히 여유 있게 울었다. '좋다. 좋다.' 소리가 새소리처럼 노래가 되었다. 빽빽하게 드리워진 키 큰 소나무와 전나무들은 햇살이 비집고 들어올 틈을 허락지 않았다. 하늘만 작은 조각으로 겨우 보일 정도로 온통 짙은 그늘이었다. 보약을 마시듯 크게 숨을 들이마시니 몸에서 힘이 솟았다. "역시 숲이 최고야."라는 말을 한 열 번쯤 했다.

마스크를 벗어 한 손가락에 끼워 달랑거리며 걸으니 뺨에 닿는 바람이 그리 시원할 수가 없었다. 우리는 다정하게 마스크라는 세자로 삼행시를 지으며 숲길을 걸었다. 남편이나 나나 크자는 '크~ 이렇게 좋을 수가'로 삼행시를 마무리했다. 숲에서 실컷 보약을 마셔서인지 종일 머리가 맑고 기분이 좋았다. 더 자주 좋은 숲길을 걸으리라 마음먹으며 장어구이로 맛있는 점심을 먹었다. 내일은 홍천에 있는 수타사 산소길을 갈 예정이다. 날마다 조금만 부지런히 움직이면 가까이에 있는 숨은 명소를 충분히 둘러볼 수 있다. 늦잠을 자고 빈둥거리며 보내도 좋지만, 밖으로 나와 좋은 공기 마시며 숲길을 걷는 건 더 좋다. 몸과 마음이 정돈되고 순해지는데 숲길만큼 좋은 건 없을 듯하다. 일단 집을 박차고 자주 나와야 한다는 건 진리다.

말은 안 하지만 남편은 벌써 지루하고 따분해하는 기색이다. 날마다 출근하던 사람이 갑자기 아무런 일없이 집에 있으니 왜 안 그러겠나, 이해는 된다. 더구나 남편은 퇴직한 지 불과 열흘이 안 되어 엄마까지 잃었다. 그 상실감이 얼마나 크고 그 슬픔이 얼마나 깊을지 생각하면 마음이 아프다. 자꾸 짠해지는 마음에 더 세심하게 신경 쓰고 더 잘해 주려고 애를 쓰게 된다. 이런 내 마음이 오히려 남편에게는 부담이 될 수 있기에 티 내지 않으려 한다. 사람에게는 각자 감당해야만 하는 몫이 있기 마련이니까. 아무리 가까운 사람이라도 대신 어쩌지 못하는 것들 말이다. 남편의 슬픔 또한 남편 고유의 몫이다. 충분한 애도의 시간을 가져야 슬픔을 오롯이 슬픔으로 간직할 수 있을 것이다. 내가 할 일은 그저 남편의 시간을 옆에서 따뜻하게 지켜보는 것, 어서 빨리 일상으로 돌아오라고 재촉하거나 안달하지 않고 묵묵히 기다려 주는 것, 단지 이것뿐이란 생각이다.

  남편과 점점 할 말이 없어진다. 종일 함께 있으니 서로에게 일어나는 모든 일에 대하여 훤히 알 수 있다. 모를 수가 없다. 그러니 서로에게 말이 필요 없고 해 줄 이야기도 별로 없다. 아이들 안부를 묻고 어릴 적 추억을 들춰내는 게 전부다. 뭐가 그리 급하다고, 너무 일찍 노부부의 일상이 되어 버린 듯해 씁쓸하다. 앞으로 점점 더 그럴지 모르겠다. 말을 하지 않아도 불편하지 않고, 말을 하지 않아도 다 아는 그런 사이, 어찌 보면 참 편하고 천생연분처럼 보이지만 난 그렇게 살고 싶지 않다. 언제까지나 재잘거리며 할 말이 넘쳐나는 사이로 지내고 싶다. 지금 읽고 있는 책 이야기도 좋고 고민거리도 좋다. 아니면 나이를 먹어 가면서 자연스레 터득되는 소소한 깨달음도 좋고, 이도 저도 아니면 매일 아침 나오는 〈인간극장〉 주인공에 관한 이야기도 괜찮다. 뭐가 됐든 서로의 생각을 곁들여서 끊임없이 이야기하고 싶다.

그냥 눈빛으로 작은 손놀림만으로도 서로의 마음을 가늠하고 알아채는 것, 나는 별로 매력 없다. 입은 어디에 쓰려고 그렇게 말을 아끼냐 말이다. 나는 언제까지나 서로 대화하고 표현하며 마음을 보여 주고 생각을 나누고 싶다. 부디 남편도 나와 같은 생각이기를. 아직은 이렇게 많은 시간을 함께 보내는 것이 처음이어서, 둘 다 어색하고 서로의 눈치를 살피며 적응 중이다. 둘 중 하나다. 늘 함께 있어서 할 말이 없는 경우와 오히려 할 말이 무궁무진하게 많아지는 경우, 난 후자가 좋다. 언제까지나 풍성하게 둘 사이가 소란스럽고 웃음소리가 끊이지 않는 재미있고 즐거운 사이로 지내고 싶다. 그러기 위해서는 나 먼저 남편에게 해 줄 이야기를 풍부하게 가지고 있어야 한다. 책도 더 많이 읽고 음악도 더 많이 듣고 생각도 더 깊게 하고 새로운 세상에 마음을 활짝 열어야 하리라. 내 인생이 풍성해야 할 이야기도 다양해지고 많아질 테니 말이다. 내가 더 잘 살아야 남편과도 더 잘 지낼 수 있다. 내가 더 노력해야겠다.

이제는 걱정 대신 사랑

 나이 탓인지 요즘 점점 늘어 가는 것은 근심 걱정이요, 몸무게와 게으름뿐이다. 특히 걱정 근심이 부쩍 늘었다. 아들이 취업 후 승용차가 필요하다기에 흔쾌히 내가 타던 차를 넘겨주었다. 면허는 일찍 땄고 운전 연습은 군대에서 운전병이어서 충분하다고 틈만 나면 자랑을 해 안심했다. 실제로 아들이 운전하는 차를 한번 타 보았는데 제법 차분하고 침착하게 잘해 놀랐다. 욱하고 성질을 잘 부리는 평소와는 달리 교통 법규를 잘 지키며 안전 운전을 하는 게 믿음직스러웠다. 차를 주어도 되겠다 싶었다. 차를 가지고 출퇴근은 물론 멀리 교육도 가고 출장도 다녔다. 워낙 현장이 여기저기 흩어져 있어 차는 필요했다. 이제 두 달 정도 지났다. 그동안 아무 문제 없이 잘 타고 다녀 걱정을 내려놓아도 되겠다. 하고 마음먹으려던 참인데, 바로 어제 접촉 사고를 내고 말았다.

다행히 인명 피해는 없었지만 차가 많이 파손되었다. 내가 무척이나 아끼던 차의 앞부분 로고가 떨어져 나가고 앞 범퍼가 깨진 모습을 보니 내가 다친 것처럼 가슴이 아팠다. 앞차가 갑자기 서는 바람에 급브레이크를 밟았는데 달리던 속도로 인해 앞차 꽁무니를 들이받은 것이다. 상대방 차는 승합차로 수리가 필요했다. 보험료 인상이 불가피해 보였다. 우선 다친 사람이 없어 다행이지만 천천히만 달렸으면 충분히 멈출 수 있었다는 생각에 울컥 화가 치밀었다. 초보 운전이면서도 과속으로 달렸음이 한눈에 보였다. 하긴 내가 운전하는 차 옆에 타면 왜 이리 천천히 가느냐고 늘 답답해하곤 했으니까. 처음에는 규정 속도 지키며 차분하게 하더니 점점 자신감이 붙으면서 속도가 빨라졌나 보다. 제발 천천히 달리라고, 그래 봐야 십분 차이도 안 난다고. 애걸복걸 당부를 해도 한 귀로 듣고 한 귀로 흘린다. 맨날 쓸데없는 걱정만 하는 답답하고 갑갑한 엄마 취급한다. 괘씸한 놈이다.

사고를 낸 후에도 그리 당당할 수가 없다. 앞으로 더 조심하라는 말에, 그러면 운전을 어떻게 하라는 말이냐며 오히려 큰소리치며 화를 낸다. 내 참 기가 막혀서. 방귀 뀐 놈이 성낸다는 속담이 괜히 있는 게 아니다. 내가 운전에 대해 걱정과 염려가 남달리 많은 것은 인정한다. 하지만 조심하고 또 조심해서 해될 것 없고, 사고는 언제 어떤 얼굴로 갑자기 휙 나타날지 아무도 모르지 않는가. 사고를 냈으면 엄마가 하는 말이 설령 귀에 딱지가 앉았다 해도 묵묵히 참고 들으며 반성하는 척이라도 해야 하는 거 아닌가. 제 부주의로 낸 사고로 인상되는 보험금이 얼마고, 그 보험금을 누가 내는 건데. 잘못했다고 싹싹 빌어도 시원찮을 판에 뭘 잘했다고 당당하게 소리 높여 어깃장을 부리는지. 한 번 더 괘씸한 놈이다.

이제 다시는 아들 걱정은 하지 않기로 마음먹는다. 며칠 못 가 흐지부지될지언정 강력하게 마음을 다잡아 먹는다. 일어난 일은 어쩔 수 없고 일어나지 않은 일은 걱정해 봐야 소용없다. 그러니 걱정으로 달라지는 것은 없다. 아무짝에도 쓸데없는 근심 걱정을 나 혼자만 한 짐 지고 쩔쩔매는 우스운 꼴이라니. 누가 하라는 것도 아니고 고마워하는 것도 아닌데 말이다. 이제는 정말 혼자 걱정하는 거, 안 할 작정이다. 차 사고는 걱정으로 해결될 문제도 아니고, 걱정한다고 결과가 달라지지도 않는다. 차라리 모두 어쩔 수 없는 일이라고 마음 편히 생각하는 게 낫다. 만일 어떤 안 좋은 상황이 벌어지면 그때 가서 머리를 맞대고 방법을 찾아 해결하면 될 터이고, 일어나지 않으면 미리 걱정으로 보낸 시간이 아까울 테니 말이다. 걱정이야말로 습관이다. 하다 보면 점점 늘어나게 마련이다. 일부러라도 걱정을 줄여 봐야겠다. 걱정을 줄이고 즐겁고 재미있게 살아도 길지 않은 인생이니까. 걱정의 늪에서 하루빨리 벗어나야겠다.

걱정이든 뭐든 이제 아들 일은 아들이 알아서 하도록 두련다. 간섭하고 관여하며 조종하려 하지 말고. 아들 인생은 내 것이 아니다. 걱정이라는 어둡고 우울한 족쇄로 아들을 가두지 말아야 한다. 스물여섯 살이면 혼자서 뭐든 꾸려 나갈 충분한 나이다. 엄마는 걱정하는 사람이 아니라 사랑하는 사람이다. 걱정만 하다 보니 매일 싸우고 맘 상하고 돌아서서 미워하기 일쑤다. 정작 제일 사랑하는 사람인데 걱정이라는 장막에 가려 서로를 상처 입히며 멀어지게 만든다. 이제 누가 뭐래도 걱정은 반으로 줄이고 사랑은 배로 늘려야 한다.

그렇다. 내일부터는 걱정 대신 사랑이다.

문득 그리움이

간만에 남편이랑 아파트 놀이터 옆 정자에 앉았다. 느긋하게 아침을 먹고 어슬렁어슬렁 재활용과 음식물 쓰레기를 버리고 나니 날이 선선해 바로 집으로 들어가기가 싫었다. 우리 아파트 앞에 있지만, 정자에 앉아 보기는 처음이다. 그것도 평일 오전에 남편과 둘이는. 우리 아파트 정자는 주로 할머니 두서넛이 모여 다정하게 얘기를 하거나 할아버지들이 모여 장기를 두거나 직장 생활하는 엄마 대신 손주를 돌봐 주시는 할머니가 걸터앉아 손주의 뒷모습을 살피는 장소다. 우리처럼 젊은 부부가 그것도 한참 일할 평일 오전에 이렇게 정자를 차지하고 있는 경우는 드물다. 아무렇지 않은 듯 지나가는 사람들이 몰래 우리에게 시선을 주고 있다는 걸 알았지만 모르는 척했다.

남편은 조금 앉았다가는 허리가 아프다며 벌렁 드러누웠

다. 조금 있으면 바로 쿨쿨 요란하게 코 고는 소리가 날지도 모른다. 솔솔 부드럽게 얼굴을 간질이는 바람을 참아 내기란, 쉽지 않을 테니까. 누워 있는 남편을 뒤로하고 얼른 집으로 들어가 노트북을 가져왔다. 오랜만에 야외에서 일기를 써 볼 참이다. 정자 옆으로 난 경로당 입구로 유모차를 밀고 오는 할머니의 구부정한 뒷모습이 하나둘 눈에 들어온다. 여전히 경로당에는 할머니들이 모이고 있었다. 웃음소리가 나고 화투를 치고 여기저기 아프다는 하소연과 자식들 이야기가 넘쳐날 것이다. 문득 지난달 돌아가신 시어머니 생각에 울적해졌다. 지금이라도 달려가 경로당 문을 열면, 어이쿠, 우리 며느리가 웬일이냐고 반갑게 맞아 줄 것만 같았다.

시어머니는 경로당 문 총무였다. 매일 정확한 시간에 문을 열어 놓고 마지막에 문을 잠그는 막중한 임무를 띤 감투다. 문만 여닫는 문 총무는 정식 직위도 아니고 누가 알아주는 것도 아닌데 하루도 빠지는 법이 없었다. 직장처럼 아침만 드시면 출근하듯 곱게 차려입고 나가셨다가 저녁때가 다 되어야 퇴근하듯 돌아오셨다. 돌아올 때는 빈손으로 오는 때가 드물었다. 애호박이나 배추, 오이, 흙이 잔뜩 묻은 파 같은 제철 채소들이 삐죽이 고개를 내민 비닐봉지를 들고 오셨다. 나는 그렇게 얻어 오는 것을 질색하는 터라 제발 좀 가져오지 말라고 성화를 부려도 주는 걸 어쩌냐고, 이 귀한 걸 그럼 버리느냐고 오히려 큰소리를 치셨다. 사교적이고 정이 많은 성격이라 사람들과 어울리기 좋아하고 뭐든 주고받고 나누길 유난히 좋아하셨다. 주는 것도, 누구에게 받는 것도 달가워 않는 까칠한 내 성격과는 정반대였다.

  시어머니는 친구가 많았다. 집에서도 늘 친구들 얘기를 하셔서 우리도 아는 친구가 여럿 있다. 아나운서인 딸내미가 종종 맛있는 간식을 사 온다는 아나운서 엄마, 빌라 오층에 혼자 사는 안쓰러운 마리야. 그리고 같이 산책하며 바나나 우유를 나눠 마시는 황 여사. 정확한 이름도 얼굴도 잘 모르지만 다정하게 늘 말씀하셔서 제법 친숙하게 느껴지는 분들이다. 그런데 유독 이름 석 자를 말하면서 노기를 띠는 친구가 있었는데, 바로 김준수 할머니다. 길에서 마주쳐도 누군지는 모르지만, 우리 집에서는 나름 유명한 분이다. 김준수 할머니 얘기만 나오면 왠지 목소리에 힘이 들어가고 표정이 일그러졌다. 집에 오자마자 당장 분홍 스웨터를 사 오라는 날이면, 십중팔구 김준수 할머니가 화사한 분홍 스웨터를 입고 와 딸이 사 줬다고 자랑을 한 날이다. 지나고 보니 이제야 조금은 시어머니 마음을 알 것도 같다. 시어머니의 삶에 가장 큰 원동력은 자식이고, 그 자식들이 보여 주는 사랑만큼은 세상 누구에게도 뒤지고 싶지 않았을 테니, 당신보다 더 듬뿍 사랑받는 것 같은 김준수 할머니가 곱게 보일 리 없었을 것이다.

남편은 사남 일녀 중 넷째다. 시골에서 큰 도시에 있는 학교에 다닐 때부터 돌아가시기 전까지 시어머니와 함께 살았다. 처음엔 밥을 해 주고 나중에는 우리 아이들을 돌봐 주셨다. 시어머니는 엄마인 나 보다도 더 살뜰히 손주들에게 애정을 쏟았다. 우리 아이들도 할머니 품을 푸근한 고향처럼 여겼다. 시어머니 장례식 때 가장 서럽게 운 사람도 다름 아닌 우리 아이들이었다. 시어머니는 남편이 직장에서 퇴직한 지 일주일 만에 돌아가셨다. 퇴직하면 본격적으로 병간호하겠다고 호언장담했건만, 아들 고생할까 봐 그러셨는지 단 며칠도 기회를 주지 않으셨다.

나와는 결혼하면서부터 살았으니 이십육 년째다. 미운 정고운 정이 듬뿍 들었다. 못된 며느리는 아니었지만 그리 살가운 며느리도 아니었다. 성향이 워낙 달라 자잘한 갈등도 있었지만, 웃을 일이 더 많았다. 그래도 사람을 좋아하고 뭐든 서로 나누며 돕는 걸 좋아하는 시어머니와 마음이 통했는지, 은연중에 닮아 가고 있었던 것 같다. 팍팍하고 까칠했던 내가 점점 사람들과 어울리며 정을 나누는 게 좋아지니 말이다. 걸걸한 할머니들 소리가 정자까지 들려온다. 혹, 김준수 할머니가 또 새 옷 자랑을 하시는 건 아닌지. 시어머니가 계셨다면 당장 똑같은 걸 사 오라고 큰소리치셨을 텐데, 이제 다시는 그 쩌렁쩌렁한 목소리를 들을 수 없다. 생각하니 울컥 슬픔이 밀려들었다.

어느새 단잠에 빠진 남편은 좋은 꿈이라도 꾸는지 흐흐 웃는다. 꿈속에서 시어머니라도 만났을까. 노트북 화면 가득 그리움과 추억만 저장한 채 주섬주섬 짐을 챙겼다. 여름이 다 가기 전, 경로당에 시원한 간식이라도 넣어 드려야겠다. 시어머니 친구분들께 인사도 드리고.

제2부 더 가까이, 더 오래 가족과 함께

인생 2막을 시작할 때까지

    요즘 남편과의 대화는 거의 낱말 퀴즈 수준이다. 버퍼링이 부쩍 잦아진 남편은 대화 도중 자주 "그거 뭐지? 왜 있잖아?" 하고, 아주 답답해 죽겠다는 표정으로 내게 묻는다. 전후 맥락을 따져 봐서 찾고 있는 듯한 걸 말해 주면 얼추 맞는다. 얼마 전부터 그 횟수가 조금씩 늘어나고 있다. 올해 드디어 예순 살이 되었으니 말 그대로 내일모레면 환갑인 나이다. 그러니 그럴 때도 되었다고 당연하게 생각해야 할지, 기억력에 뭔가 문제가 생겼다고 심각하게 걱정해야 할지 잘 모르겠다. 하긴, 대여섯 살이나 어린 나도 자주 그러는 걸 보면 아직은 크게 걱정할 일은 아닌듯하다. 그저 이제 우리는 서로 도와주지 않으면 말도 한마디 못 한다고, 자조 섞인 웃음을 주고받을 뿐이다.

    남편은 퇴직한 지 칠 개월째 접어들고 있다. 퇴직 전에는 이것도 하고 싶고 저것도 하고 싶다며 묻지도 않는 계획을 줄줄이 늘어놓더니 점점 귀찮아하는 기색이 역력하다. 역사와 문화유산 답사를 좋아해 문화유산 해설사에 도전해 보겠다고도 하고, 손해평가사 자격증을 취득해 부업을 해 보겠다고도 했다. 또 한자 고급 자격증에 도전하고 역사 관련 공부를 처음부터 다시 해 보겠다고도 했다. 하지만 요즘 그 어느 것도 시작조차 하지 않고 있다. 그저 종일 여기저기 안부를 묻는 전화만 오래 붙잡고 지낸다. 아직도 현직인 것처럼, 예전 직장 일에 신경 쓰고 참견한다. 옆에서 보기 안타깝고 안쓰러울 때가 많다.

 퇴직 후 시간이 많다고 모두 자유롭게 자기 하고 싶은 일을 즐기며 노년을 보내는 것은 아니다. 직장을 다닐 때는 전적으로 시간이 부족해서 하고 싶은 일을 못 하는 줄 알았다. 하지만 시간이 아무리 넘쳐도 하고자 하는 마음이 없으면 소용없다. 하고 싶은 것 맘껏 하며 보내 보라고 자유를 주면 우선 당황하고 불안해한다. 뭘 해야 할지도, 뭐가 하고 싶은지도 잘 모르기 때문이다. 어렴풋이 뭘 하겠다는 계획이 있더라도 흔들리기 일쑤다. 반드시 하겠다는 구체적이고 굳건한 의지가 없다면 있으나 마나다.

 나는 남편보다 삼 년이나 먼저 퇴직을 했다. 나와 남편의 퇴직 사유는 엄연히 다르기에 둘의 마음가짐과 자세 또한 확연히 차이가 날 수밖에 없다. 남편의 경우 정년이라는 강제적인 퇴직이고, 나의 경우 순전히 내가 선택한 조기 퇴직이다. 나는 삼십 년을 근무하고 이제는 다르게 한 번 살아 보겠다는, 인생을 마음대로 계획하며 자유롭게 살아 보겠다는 확고하고 선명한 계획이 있었다. 그것도 아주 오래전부터 차곡차곡 쌓아 온 견고한 계획 말이다. 그렇지만 처음엔 날마다 맞이하는 넘치는 자유 시간을 어떻게 보낼까. 머릿속이 온통 백지가 되기 일쑤였다. 아무 일도 하지 않는다는 것에 대한 두려움과 불안도 감당하기 어려웠다. 글 쓰고 책 읽고 영화 보고 여행한다는 단단한 계획도 틈만 나면 널을 뛰는 마음에 따라 이리저리 휘청거렸다. 하루하루가 스스로와의 힘겨운 싸움이었다.

그럴 때마다 나를 구한 것은 초심으로 돌아가는 거였다. 내가 직장을 그만둔 이유는 무엇인가. 나는 어떻게 살고 싶은가. 직장을 그만두면서 내가 얻고자 한 것은 무엇이었나. 내가 가치 있게 생각하는 것은 무엇인가 등등 가장 기본적인 질문을 하고 또 했다. 그리고 그 질문에 대한 답을 쓰고 또 썼다. 날마다 내 글은 내 상황에 대하여, 묻고 답하는 것으로 가득 채워졌다. 그렇게 날마다 쓰다 보니 어느 정도 진정이 되고 가지런하게 정리가 되었다. 서서히 단단해진 내면을 느꼈고 더는 흔들리지 않게 되었다. 비로소 다른 사람 시선 의식하지 않고 차분하게 내 일을 할 수 있었다.

그러기까지 일 년도 넘게 걸렸다. 그러니 남편의 지금 심리 상태가 얼마나 불안하게 흔들리고 위태로운지 누구보다 내가 잘 안다. 지금쯤 많이 혼란스럽고 초조하고 걱정이 많을 것이다. 다른 일을 더 하고 싶기도 하고, 하고 싶었던 것을 새로 시작해 보고 싶기도 할 것이다. 하지만 구체적으로 뭘 하고 싶은지는 확신이 서지 않을 것이다. 점점 기억력이 감퇴되어 자주 버벅거리다 보면 자신감도 떨어질 테고. 그러니 뭐든 새롭게 시작하는 것이 두렵고 앞으로 어떻게 살아가야 할지 길이 보이지 않아 막막할 수도 있다. 여러 가지로 복잡하고 착잡한 심정으로 어느 것 하나 손에 잡히지 않을 것이다.

어떻게 지내냐는 다른 사람의 물음에는 짐짓 여유 있게 아주 잘 지낸다고 씩씩하게 대답하지만 정말 그럴까. 내가 듣기에는 너무 잘 지낸다는 큰소리가 오히려 억지스럽다. 너무 잘 지낸다고 단박에 대답하는 사람치고 정말 잘 지내는 사람은 드무니까. 그 대답을 듣는 사람도 곧이 곧대로 믿진 않을 것이다. 이런 남편의 속사정을 잘 알아도 아직은 한걸음 떨어져 참견하지 않으려 한다. 그저 적당히 무관심한 채 가만히 지켜보기만 할 작정이다. 시간을 넉넉히 가지면서 스스로 단단하고 굳세게 마음을 정리하고 그 혼란의 터널을 무사히 통과해 나올 때까지. 어차피 누구도 대신해 줄 수 없는, 자기 스스로 책임지고 짊어져야 하는 몫이니까. 포기할 것은 포기하고, 단념할 것은 단념하고, 인정할 것은 인정하고, 받아들일 것은 받아들일 때까지. 그리하여 마침내 복잡한 마음속 갈등에서 벗어나 홀가분해질 때까지. 그때가 되어야만 자유롭고 여유 있게, 진정 원하고 바라는 대로 인생 2막을 시작할 수 있을 테니까.

기도가 이루어지길 기도한다

 아들은 요즘 날마다 몹시 지치고 화가 난 채 퇴근하고 있다. 직장에서 실수와의 전쟁을 벌이는 모양이다. 아무리 정신을 바짝 차려도 실수하게 된다며 실망하고 좌절한다. "처음엔 누구나 다 그래"라는 나의 위로가 전혀 맥을 못 춘다. 언제쯤 활짝 웃는 얼굴로 기분 좋게 엄마를 외치며 현관문을 들어설까. 직장을 새로 옮긴 지 오늘이 열흘째다.
 예전 직장은 대학에서 전공한 역사와 관련한 문화재 연구소였으며, 발굴 현장 근무가 주를 이뤘다. 완전 중노동 수준에 더워도 추워도 눈이 와도 비가 와도 걱정이었다. 문화재 발굴은 대규모 사업 착수 전 문화재 매장 여부를 시추하고 그 결과에 따라 발굴 여부를 판단하고 진행하는 작업이다. 대규모 사업이란 국가나 지자체가 추진하는 일정 규모 이상의 산업단지 조성 공사나 민간이 추진하는 아파트 신축이 대부분이다. 따라서 작업장은 거의가 산꼭대기이거나 허허 벌판이다. 하루에도 몇 번씩 산을 오르내리니 체력 소모가 만만치 않은 듯 힘든 기색이 역력했다. 더구나 산이라 화장실이 없어 화장실 한 번 가려면 민가까지 내려와야 해, 물도 마음 놓고 먹지 못했다. 작업 환경이 내가 아는 한 최악이었다.

그럼 급여는 좋으냐 그것도 아니었다. 최저 시급에서 약간 웃도는 정도였다. 그렇다고 아들이 그 일을 무척 좋아하느냐, 저는 그렇다고 하지만 내가 보기에는 그것도 아니었다. 학교를 졸업하고 군무원 시험공부를 하던 중에 지도 교수가 추천해 준 일자리다. 당시 하고 있던 군무원 시험공부도 슬슬 어렵게 느껴지기 시작하던 때였다. 그동안 공부와는 담을 쌓고 지내다가 어쩔 수 없이 시작한 공부니 오죽 죽을 맛이었을까. 외울 것도 점점 많아지고, 모의고사 점수는 잘 나오지 않고, 있는 대로 스트레스를 받으며, 어떡하면 그만둘까 궁리를 하던 바로 그 시기라, 아무런 고민 없이 덜컥 입사를 결정했다.

취업보다는 하던 공부를 계속해 군무원 시험을 보는 게 좋겠다고 그렇게 말렸지만, 귓등으로도 듣지 않았다. 하루빨리 힘든 공부를 속 시원하게 때려치우고 싶어 하는 눈치였다. 아들의 속셈이 한 눈에 보였지만, 지금 당장 취업이 중요한 게 아니니 시간이 걸리더라도 차근차근 공부해 실력으로 당당하게 입사하라고, 올해 안되면 내년에 다시 하면 된다고, 간절히 설득해 보았다. 그러나 아들의 결심은 확고했다. 오히려 제힘으로 한 취업인데 축하도 해 주지 않는다고 화를 내며 서운해했다. 군무원 시험은 아예 말도 못 꺼내게 했다. 어쩔 수 없었다. 부모가 대신 살아 줄 수도 없는 노릇이니, 자기가 하고 싶은 대로 내버려 두는 수밖에. 나중에 후회할 게 뻔하지만, 그 또한 본인이 감당할 몫이라고 여기며 아들이 원하는 대로 연구소 입사를 도왔다.

연구소 근처에 전셋집을 구하고, 출퇴근용 차가 필요하다기에 내가 타던 차도 미련 없이 주었다. 침대와 책상 그리고 이런저런 생활 집기를 사서 이사를 시켰다. 이제 정말 객지에 혼자 떨어져 직장 생활을 시작한 것이다. 현장으로 출근하는 날이 대부분이고 사무실로 가는 날은 드물었다. 비가 와 현장일이 불가능하거나 특별히 사무실에 처리할 일이 있는 날을 빼고는 매일 현장 출근이었다. 현장도 대중없었다. 먼 곳은 따로 방을 얻어 생활하고 한두 시간 거리는 차를 가지고 출퇴근했다. 차에는 온갖 발굴 장비가 가득 실렸다. 옷도 작업복을 있는 대로 껴입고 등산화에 각종 방한 장비까지, 더구나 출근 시간도 빨랐다. 현장은 한 시간 일찍 시작하고 일찍 끝난단다. 그러니 어둠이 걷히기도 전 새벽 출근이다.

집에 와서 현장으로 출근하던 때가 있었다. 막상 내 눈으로 새벽 출근하는 모습을 보니 왈칵 눈물이 다 났다. 겹겹이 작업복을 싸매고 뿌연 새벽에 차를 끌고 출근하는 조그마한 뒷모습이 얼마나 가슴을 아프게 하던지. 아직 어린아이 같기만 한 녀석이 다들 잠든 시각에 혼자 추위를 뚫고 산에 올라 흙을 파헤치며 작업할 생각을 하니 가슴이 미어졌다. 내가 대신할 수만 있다면 대신해 주고 싶었다. 잘 다녀오라고 밝게 인사를 하고 돌아와 엉엉 울어 버린 적도 있었다. 저녁이면 옷과 신발은 먼지투성이에 얼굴은 파랗게 얼어서 왔다. 티를 내지는 않았지만, 마음이 얼마나 아픈지. 하지만 내가 달리 할 수 있는 건 없었다. 그저 따뜻한 밥상을 차려 주고 갈아입을 포근한 옷을 건네는 것밖에는.

그렇게 여덟 달을 연구소에 다니다가 얼마 전 금융 계통으로 직장을 옮겼다. 원서를 내고 두 번의 면접을 치러 합격을 한 것이다. 아들의 성향이 금융 업무에 과연 맞을까 걱정이 없지는 않았다. 꼼꼼하다거나 빈틈없는 성격과는 거리가 멀고 더구나 돈 계산이나 숫자에는 영 약하다는 걸 잘 알기 때문이다. 어쩌면 금융 계통은 아들이 가장 피해야 할 영역인지도 모른다. 그렇지만 일단 시작했으니, 뭐든 차근차근 배우고 익히면 익숙해지지 않을까. 하고 애써 긍정하며 지켜보는 중이다. 날마다 불안하고 내가 더 긴장된다. 오늘은 아무 일 없이 잘 해내고 있으려나 궁금하고 걱정된다. 깔끔하게 양복을 입고 구두를 신고 멋진 모습으로 시간 맞춰 출근하는 모습이 보기는 좋다. 따듯하고 시원한 실내 근무도 마음이 놓인다. 하지만 사람을 대하고 돈을 만지는 업무라 친절은 물론 실수가 용납되지 않는다. 작은 실수라도 돌이킬 수 없는 문제가 될 수 있어 늘 부담스럽다. 아들도 심리적으로 늘 긴장된다며 스트레스 받는 모양이다. 제대로 배우지도 못한 채 벌써 창구 업무를 보라고 한다며, 매일 투덜거린다. 잘 모르니 자신이 없고 자신이 없으니 목소리도 작아지고 늘 긴장되고 불안하단다.

그도 그럴만하다. 나도 처음 직장에 들어가 민원 업무를 볼 때 그랬으니까. 나는 그때 사람들이 무섭기까지 했다. 내가 맞게 처리하고 있나. 늘 의심되고 자신이 없었다. 조금이라도 실수하면 안 된다는 생각에 신경은 곤두서고 어깨는 굳고 목은 뻣뻣해졌다. 온종일 긴장하고 집에 돌아오면 녹초가 돼 쓰러지곤 했다. 아침에는 출근하기가 죽기만큼 싫고 두려웠다. 아들의 심정도 그때 나의 심정과 별반 다르지 않을 것이다. 날마다 밝아 오는 아침이 무섭고, 출근해서 맞이할 사람들이 두려울 것이다. 너무 안쓰럽지만 어쩌랴. 내가 그 힘들고 지

독하게 외로웠던 시절을 이겨 냈듯 아들도 이 시기를 통과해야 어른으로 성장하는 것을, 누구도 대신해 줄 수 없이 오롯이 본인이 감당하며 아파할 만큼 아파하고 울 만큼 울어야 비로소 단단해지는, 그런 것임을.

오늘도 어김없이 큰 실수를 했다며 어두운 표정으로 퇴근했다. 오십만 원짜리 수표에 공을 하나 더했다나 뭐라나. 하지 말아야 할 실수를 하고 말았다며 괴로워하는 얼굴이 무척 안쓰러웠다. 언제나 능수능란하고 자신 있게 업무 처리를 할 수 있을까. 업무 처리에 자신이 있어야 걱정이 없고 걱정이 없어야 직장 생활이 재미있고, 찬란하게 빛나는 젊음도 즐길 텐데. 아직은 우물에서 숭늉 찾는 일일 터, 더 기다려야겠지. 암, 더 오래 기다려야 하고말고. 하지만 아예 오지 않는 날은 아니리라 믿는다. 날마다 하다 보면 저절로 익숙해지고, 적응되게 마련일 테니까. 지금은 더디고 실수투성이지만 분명 하루하루 나아지고 있다는 걸 안다. 다만 실수에 너무 실망하거나 자책하지는 말았으면 좋겠다. 금융 업무 한 가지에 능숙하지 못하다고, 자신을 쓸모없고 무능한 존재라고 비하하는 일은 없길 바란다. 처음 시작은 누구나 서툴고 부족하다는 걸 순순히 받아들이고, 포기하지 말고 차근차근 노력해 나갔으면 좋겠다. 겨울이 가면 봄이 오듯이, 어려운 시기도 언젠가 모두 지나가고 환하게 웃는 때가 반드시 오리란 걸 믿어 줬으면 좋겠다.

 아들을 위해 내가 할 수 있는 건 별로 없다. 언제나 사랑으로 지켜보며 기도하는 것밖에는. 나는 내가 할 수 있는 일을 하고 아들은 아들의 일을 묵묵히 하면 된다. 말하지 않아도 서로 응원하는 마음으로 끈끈하게 연결되어 있음을 느끼면서. 아들의 앞날이 덜 힘들기보다는, 힘들더라도 슬기롭게 잘 헤쳐 가기를 기도한다. 실수에 좌절하기보다는 실수를 통해 배우고 성장하며 단단해지길 기도한다. 상처에 너무 상처받지 말고 실망에 너무 실망하지 않길 기도한다. 이 모든 기도가 조금이라도, 아주 조금이라도 이루어지길 간절히 기도한다.

아버지와 딱 하루만

불후의 명곡이라는 프로그램에서 장사익 특집을 방송했다. 장사익은 아버지와 너무도 비슷해 아버지가 생각날 때마다 영상을 찾아보곤 하는 가수다. 얼굴도 비슷하지만, 한복을 입고 노래하는 모습은 거의 흡사하다. 나 혼자만의 생각이 아니다. 언젠가 가족들 모두 모인 자리에서 누군가 장사익이 돌아가신 아버지와 닮았다는 얘기를 꺼냈고, 모두를 어쩜 그리 똑같냐며 이구동성 맞장구를 쳤었다. 장사익의 목소리는 듣는 사람의 애간장을 녹인다. 서글픈 한과 오래된 회한이 묻어난다. 아련하게 추억 속에 감춰져 있는 슬픔 한 자락이 들춰지듯 가슴이 뻐근해진다.

'꽃구경'이라는 노래는 끝내 참았던 눈물을 떨구게 만든다. 늙고 병든 어머니를 꽃구경 가자며 아들은 지게에 태우고 산속으로 버리러 가는데, 어머니는 그 사실을 알면서도 아들이 혼자 집으로 돌아갈 때 길 잃고 헤맬까 봐 한 움큼씩 솔잎을 따 뿌리며 표식을 하고 있다는 노랫말은 언제 들어도 가슴을 저민다. 어미의 마음을 어쩜 이리도 잘 알까. 오죽했으면 우리 아들이 나를 버리려고 할까. 어쩌면 어미는 자기를 내다 버리려는 아들이 괘씸하기는커녕, 아들의 고통과 괴로움을 더 걱정하고 마음 아파했을 것이다. 노래 한 곡이 이렇게 감동을 주다니 놀랍다. 가사도 가사지만 장사익의 구성진 목소리와 적절한 손동작이 한몫한다. 그의 목소리와 몸짓, 모든 것이 아버지를 닮았다. 아버지도 노래를 좋아하셨다. 손으로 무릎을 쳐 장단까지 맞추면서 신명 나게 노래 부르던 아버지 모습이 눈에 선하다. 목에 도드라지던 힘줄의 선명함까지도.

 내가 초등학교 시절, 지역에 전통적으로 전해지는 구전가요를 조사해 녹음해 오라는 숙제가 있었다. 혹시 아버지께서 알까 싶어 부탁을 드리니, 노래를 즐겨 부르시던 아버지는 흔쾌히 허락하셨다. 오랫동안 입에서 입으로 전해진 노래는 생각보다 많았다. 지금은 잘 생각나지 않지만, 가사가 모두 재미있고 무릎을 칠 만큼 절묘했던 것은 기억한다. 때로는 신명 나게, 때로는 슬프고 애절하게 아버지는 술술 잘도 부르셨다. 나는 녹음기 버튼을 누르고 테이프의 앞뒷면이 꽉 차도록 녹음했다. 그때 따로 하나 더 녹음해 간직했더라면 얼마나 좋았을까. 달랑 하나 녹음한 것을 숙제로 내고 말았으니, 생각할 때마다 머리를 쥐어박고 싶은 심정이다. 그 귀한 아버지의 노래를, 아버지의 음성을 나의 부주의로 다시는 들을 수 없다니 너무도 아쉽고 안타까워 발이라도 동동 구르고 싶다.

지난 아버지 기일에 형제들끼리 각자 간직하고 있는 아버지와의 추억을 풀어놓은 적이 있었다. 모두 더 잘해 드리지 못한 회한과 아쉬움이 섞여 마음을 짠하게 했다. 금은방을 하는 오빠는 아버지께 변변한 금반지 하나 해 드리지 못한 게 너무나 아쉽다며 쓸쓸하게 말했다. 큰 언니는 결혼할 때 한복만 입던 아버지가 처음으로 양복을 입고 싶어 하셨는데 그걸 알면서도 해 드리지 못했다며, 눈물을 비쳤다. 둘째 언니는 아버지가 가고 싶어 하시던 제주도 여행을 못 시켜 드렸다고 지금껏 한이 된다고 했다. 막내인 나도 하나 보탰다. 내가 중학생 때였다. 문득 아버지께서 동네 누가 좋은 지갑을 가지고 있더라며 부러운 듯 말씀하셨다. 내가 어떤 지갑이냐고 물었더니 이것저것 상세히 말씀해 주셨다. 지금 생각하면 아마 부드럽고 값나가는 가죽 지갑이지 않았나 싶다. 그런데 그때 나는 너무 어렸고 가죽 지갑이 어떤 것인지도 잘 몰랐다. 나는 문구사에서 파는 모양만 비슷한 싸구려 학생 지갑을 사다 드리며, 아버지가 말씀하신 게 이런 거 아니냐고 초조하게 물었다. 아버지는 한동안 여기저기 만지작거리더니 그냥 고맙다고만 하셨다. 아버지께서 원하던 지갑이 아니라는 걸 단박에 눈치챘고, 성의 없이 사 간 싸구려 지갑이 너무도 부끄럽고 창피했다. 그 후, 얼마 지나지 않아 아버지는 갑자기 쓰러지셨고, 더는 좋은 지갑이 필요치 않으셨다. 나는 지금도 멋진 가죽 지갑을 보면 울고 싶은 심정으로 오래 그 앞을 서성이곤 한다.

형제들 모두 아버지에 대한 아쉬움 한 자락씩 가슴에 묻고 살아간다는 걸 알게 된 자리였다. 우리는 모두 아버지라는 같은 뿌리에서 뻗어 나온 줄기라는 끈끈한 연대감과 형제애가 물씬 느껴졌다. 절절한 장사익의 목소리가 유난히 아버지를 생각나게 하는 쓸쓸한 저녁이다. 간절히 원하면 이루어진다고 했던가? 세상에서 가장 멋지고 고급스러운 가죽 지갑 하나 선물해 드릴 수 있도록 딱 하루만 아버지와 함께 할 수 있다면, 그리 오랜 시간도 아닌 딱 하루만. 간절히 바라고 또 바라본다.

제2부 더 가까이, 더 오래 가족과 함께

너무 큰 욕심일까

　오후 세 시, 거실 한가운데까지 햇살이 넘실거린다. 통통하게 살이 오른 햇살을 쪼이며 산책하기 딱 좋은 시각이다. 연한 크림색 운동화를 똑같이 신고 남편과 호수 산책을 나선다. 남편과 멋진 새 출발을 하라며 며칠 전 언니가 선물한 새 운동화다. 푹신하고 도톰한 쿠션은 물론 약간의 여유까지 있어 발가락들이 편안하게 기지개를 켜며 좋아한다. 요즘 일삼아 하루 만 보 걷기를 시작한 우리에게 이처럼 반가운 선물이 또 있을까. 날마다 새 운동화를 신고 정말 새 출발을 하듯, 남편과 함께 폴짝폴짝 뛰면서 만 보를 채우는 재미가 제법 쏠쏠하다.

　남편은 얼마 전, 삼십오 년 다닌 직장에서 퇴직한 후 백수가 되었다. 삼 년 전, 삼십 년 다닌 직장에서 퇴직한 내가 그러했듯이. 요즘 만나는 사람마다 내게 힘들어서 어떡하냐고, 얼마나 갑갑하고 불편하냐고 위로하듯 물어본다. 당연히 성가시고 귀찮다는 긴 하소연을 기대하는 눈치가 빤하다. 하지만 천만에, 나는 아주 잘 지낸다고, 솔직하게 대답한다. 모두 설마 그럴까 하는 표정이지만 사실이 그런 걸 어쩌랴. 아직은, 정말 아직은 함께하는 하루하루가 즐겁기만 하다. 게다가 든든하고 더할 나위 없이 편안하다. 마음이 척척 잘 통하는 친한 친구와 종일 붙어 지낼 수 있다는 안도감이 느껴진달까. 간혹, 내가 평생 찾아 헤맨 마음의 평화가 이런 게 아닐까 하는 생각이 밀려들 때도 있다. 물론 앞으로도 쭉 그러리라고는 장담할 수 없다. 당장 내일이라도 돌변해 죽으면 죽었지 함께는 못살겠다고 대성통곡을 할지도 모를 일이다. 그렇지만, 정말 다행스럽게도 아직은 아니다.

가끔 여행을 떠나기도 하고, 집에 있는 날엔 소꿉놀이하듯 세끼 밥상을 챙겨 먹고 각자의 공간에서 각자의 방식대로 자유로운 시간을 보낸다. 둘 다 주로 책을 읽거나 일기를 쓰거나 영화를 본다. 그러다 햇살 좋은 시간이 되면 누가 먼저랄 것 없이 밖으로 나와 가까운 호수를 산책한다. 세상 급할 거 하나 없는 사람처럼, 여기저기 한눈을 팔며 느릿느릿 걷는다. 종종거리며 호수를 가르는 물오리 떼의 뒷모습에 한참씩 정신을 놓기도 하고, 새들 소리를 알아들어 보겠다고 예민하게 촉을 세우기도 한다. 어제 보지 못한 풀꽃이라도 눈에 띄면 걸음을 멈추고 아낌없은 찬사를 쏟아 낸다. 매사에 조급하거나 서두를 일이 하나 없다. 왜냐하면 우리에겐 내일이 있으니까. 마음만 먹으면 못할 게 없는 그런 자유로운 시간이 내일 또 내일, 오롯이 선물처럼 주어질 테니까. 세상에 이만한 행운이 또 있을까. 날마다 바라던 꿈을 이룬 듯 벅찬 감정에 몸 둘 바를 모르겠다.

함께 있는 시간이 많다 보니 그동안 미처 보지 못했던 부분들이 눈에 들어온다. 게다가 이렇게까지 우리가 잘 통하는 사이였나 새삼 놀라기도 한다. 가령 이런 식이다. 우리는 대화 도중 갑자기 누군가 "하나 둘 셋!" 하고 운을 띄우면 동시에 노래를 부르는데, 약속이나 한 듯 같은 노래가 나온다는 것이다. 예를 들자면, "누구와 누구는 참 인연이야"라는 말 다음 "하나 둘 셋!" 하면 이선희의 〈인연〉이, "그거 참, 인생은 알 수 없어."라는 말 다음엔 이문세의 〈알 수 없는 인생〉이 어김없이 똑같이 튀어나온다. 서로 비슷한 시기에 같은 노래를 부르며 살아온 이유도 있겠지만, 이렇게 딱 들어맞기가 어디 쉬운 일인가. 우리는 요즘 툭하면 "하나 둘 셋!"을 외친다. 마주 보고 웃으며 자주 노래한다. 함께 부르는 철 지난 둘만의 노래가 유쾌한 기쁨이 된다.

남편과 결혼한 지 벌써 이십칠 년째다. 짧지 않은 시간이지만 지금에서야 남편을 새롭게 발견하는 중이다. 그동안 서로 바쁘다는 핑계로 건성건성 통째로 쓱 봐 왔다면, 이제야 꼼꼼히 하나하나 뜯어보고 요리조리 뒤집어 보는 눈과 여유가 생겼다. 이를테면 손바닥에 새겨진 미세한 금이나 무릎 뒤쪽에 숨어 있는 가느다란 실주름까지 자세히 오래 들여다보는 것처럼 말이다. 내가 없는 걱정을 사서도 하고 만들어서도 하고 앞당겨서도 하는 사람이라면, 남편은 언제나 단순하고 명료한 편이다. 천진난만 순진무구한 표정에 해맑기까지 하다. 걱정 따위 하나 없이 가볍고 단순해 보인다. 아무 생각 없이 늘 속도 좋다고 그동안 핀잔을 줘 왔지만, 요즘은 참 부럽고 닮고 싶은 자질이지 싶다. 해결될 일이라면 걱정이 필요 없고, 해결 안 될 일이라면 걱정해도 소용없을 테니 말이다. 어쩌면 날마다 자잘한 재미를 찾으며 단순하게 사는 삶, 그것이야말로 내가 심각한 표정으로 찾아 헤매는, 인생에 담긴 큰 의미일지도 모르겠다.

  어느새 남편은 돋보기 없이는 글자를 잘 읽지 못한다. 테가 두꺼운 검정 돋보기를 끼고 입을 앞으로 쭉 내민 채, 책을 읽는 모습이 다소 작아 보인다. 한때는 푸른빛이 돌 정도로 반질반질 윤이 나고 빛났었는데. 그 얼굴에 나는 또 얼마나 설레었던가. 우리의 반짝이던 그 시간은 모두 어디로 사라졌을까. 하지만 곰곰 생각해 보면 쓸쓸함보다는 휴 하는 안도감이 큰 게 사실이다. 아니, 무사히 통과한 책임과 의무의 긴 터널에 무릎이라도 꿇고 고마움을 전하고 싶다. 이제야 비로소 자신만을 위해 오롯이 쓸 수 있는 자유로운 시간을 획득했으니까. 지금까지 그 누구보다 땀 흘리고 눈물 빼며 치열하게 부대끼는 삶을 잘 견뎌 왔기에 가질 수 있는 행운이지 않을까. 이제 남은 건 그동안 몰랐던 자유로운 시간이 주는 달콤함을 오래오래 누리는 것뿐이다. 아무런 의심이나 걱정 없이 느긋하게 그리고 언제나 함께.

문득 이런 생각이 든다. 앞으로 시간이 한참 흐른 후, 이 글을 읽는다면 어떨까 하는. 그때도 여전히 초롱초롱한 눈으로 남편의 새로운 점을 발견하려 애쓰고 있을까. "하나 둘 셋!"을 자주 외치며, 어쩜 우리는 이리 잘 통하냐며 유쾌하게 웃을 수 있을까. 모르긴 몰라도 이런 낯간지러운 글을 썼을 만큼 우리 사이가 좋은 때도 있었나 하고 의아해할지도 모르겠다. "하나 둘 셋!"은 잊은 지 오래고, 웃음은커녕 대화 없이 서먹하게 지내고 있을 수도 있다. 그렇지만 아직은 좋다고, 잘 지낸다고 솔직하게 말하고 싶다. 혹 위선에 자랑질 같아도 어쩔 수 없다. 당장 내일이라도 함께하는 시간이 성가시고 불편한 날이 온다면, 어쩌면 좋으냐고 누구라도 잡고 긴 하소연을 기꺼이 토해 낼 테니까.

하루하루 정직하게, 좋으면 좋은 대로 아니면 또 아닌 대로 함께한다. 어느 때건 지금껏 차곡차곡 쌓인 매일매일의 힘에 기대어 즐기거나 견디다 보면 모두 지나가리란 걸 모르지 않는다. 다만, 욕심을 부린다면, 좀 더 오래오래 남편과 함께하는 모든 순간이 더도 말고 딱 지금만 같았으면 하는 바람이다. 언제든 서로 마주 보며 싱긋 잇몸을 드러낸 채 활짝 웃을 수 있는, 같은 노래를 부르며 기뻐하는 소박하게 다정한 나날들.

너무 큰 욕심일까.

제2부 더 가까이, 더 오래 가족과 함께

언니가 되고 동생이 된다

가까이 사는 언니 둘과 자연 휴양림을 찾았다. 싱그러운 초록이 한창 물이 올라 반짝거렸다. 늘 같아 보이는 초록에도 절정의 시기가 있다면 바로 요즘이지 않을까 싶다. 나무들이 뿜어내는 기운이 어찌나 강한지, 마치 초록 물이 찰랑거리는 항아리에 풍덩 빠진 듯한 느낌이었다. 며칠 전 큰 언니가 내게 좋은 공기 마시며 휴양림에서 딸들끼리 하룻밤 자고 오자는 말을 꺼냈다. 그게 뭐 어려운 일이라고. 나는 곧바로 예약 시스템을 확인했더니 다행히 방이 하나 남아 있었다. 번개 같은 손놀림으로 예약했고, 이렇게 셋이 오붓하게 모였다. 마음만 먹으면 그리 어렵지도 않은 걸, 그동안 마음이 없었던 건지 처음으로 셋만 하는 1박 2일이다.

예약한 방은 무척 넓고 깨끗했다. 침구와 부엌살림이 우리집보다 더 정갈하게 정돈돼 있어 놀랐다. 야외 테라스엔 소나무 가지 하나가 악수를 청하듯 길게 뻗어 운치를 더했다. 우리 방 옆으로는 생태 교육장이 있고 그에 딸린 숲 놀이터가 아기자기하게 조성되어 있었다. 역시 도시와는 공기부터가 달랐다. 숨이 절로 크고 깊게 쉬어졌다. 목소리는 왠지 모를 흥분으로 높아졌고 자꾸 실실 웃음이 새어 나왔다. 셋이 눈만 마주쳐도 마치 재미있는 얘기를 들은 것처럼 까르르 웃었다. 마음이 느슨하고 헐렁하게 풀어졌다. 이렇게 좋은 걸 왜 진작 함께하지 못했을까.

　간단히 짐 정리를 하고 우리는 가볍게 산책을 나섰다. 폭신거리는 흙길을 걸으며 도란도란 나누는 이야기는 더없이 정다웠다. 나무에 달린 이름표를 보고 출석을 부르듯 하나하나 이름을 불러봤다. 서어나무, 전나무, 참나무, 단풍나무 등등. 갑작스러운 호명에 나무들이 놀랐는지, 살짝 긴장한 채 잎을 흔들며 응답했다. 알록달록 꽃들도 한창이다. 이름을 아는 꽃은 몇 개 없었다. 모두가 이름이 있을 텐데, 다정하게 다가가 그 이름을 불러주면 얼마나 좋아할까. 미안한 마음에 더 오래 눈을 맞췄다. 이름을 알아주거나 말거나 가장 예쁜 모습으로 활짝 핀 꽃들이 새삼 당당해 보였다. 늘 나 좀 봐 달라고, 나 좀 알아달라고 징징거리며 어리광을 부리는 나와는 달랐다. 길가에 핀 이름 모를 꽃 한 송이에도 부끄러워질 때가 있다. 자연은 늘 침묵으로 말을 건넨다. 자세히 보고 오래 보아야 비로소 해독할 수 있는 암호 같은 몸짓으로.

우리는 어린아이처럼 재잘거리며 숲 놀이터에 매달아 놓은 해먹에 나란히 누웠다. 하늘 높이 쭉쭉 뻗은 울창한 소나무들이 서로 가지를 맞대고 터널을 이뤘다. 나무들 틈새로 비치는 햇살은 바람 따라 다양한 무늬로 일렁거렸다. 달콤한 낮잠에 한숨 빠져도 좋고, 기분 좋게 살살 흔들리는 움직임에 몸을 맡긴 채 숲의 소리에 귀 기울여도 좋겠다. 저 멀리 구, 구, 구구하는 멧비둘기 소리가 구수하게 들려왔다. 어릴 적 시골에서도 자주 듣던 소리라 유난히 푸근하게 들렸다. 문득 작은언니가 멧비둘기는 새끼에게 모유를 먹인다며, 놀랍지 않냐고 물었다. 요즘 자연환경 해설사 교육 과정을 이수하고 있다더니 역시 아는 게 많았다. 세상에나, 비둘기가 모유를 먹이다니, 우리가 정말이냐고 의아해하는 사이, 더 놀라운 건 수컷도 모유를 먹인다며 멧비둘기에 대한 강의를 시작했다. 멧비둘기는 알을 두 개 낳아 암수가 번갈아 부화시키고 똑같이 두유 같은 모유를 만들어 먹이며 새끼를 키운다고. 이 세상에 출산과 수유에 암수가 따로 없이 동등하게 그 역할을 다하는 종이 어디 또 있겠느냐고. 처음 듣는 신기하고 놀라운 사실이었다. 자연은 참 알면 알수록 신비롭고 경이로워 감탄이 절로 나온다. 만약 사람도 그렇다면 어떤 세상이 될까. 상상만으로도 한바탕 웃음이 나는 게 재미있었다. 역시 아는 만큼 들리고, 들리는 만큼 특별해지는 모양이다. 전과 달리 멧비둘기 소리가 남다른 울림으로 다가왔다. 자연에 대해 늘 공부하고 관찰하는 언니야말로 풍성한 삶을 사는 행복한 사람이지 싶다.

 우리는 큰언니가 준비해 온 먹거리로 저녁을 먹은 뒤 테라스에 나란히 앉았다. 소나무 가지 끝에 사뿐히 내려앉은 듯 낮게 뜬 별들이 짙은 어둠 속에서 유난히 반짝였다. 큰언니가 너무 좋다고, 자주 이런 시간 갖자며 손을 잡는다. 산책길에서도 이렇게 좋은 풍경을 걸을 수 있다니 너무 행복하다는 감탄을 셋 중에서 제일 많이 쏟아 냈다. 큰언니는 어떤 상황에서도 기어이 감사할 거리를 찾아내는 밝은 눈을 가졌으며, 어린아이처럼 해맑게 표현하는 순수함을 지녔다. 이는 매사 무덤덤한 내가 닮고 싶은 자질이기도 하다. 언니들과 이런저런 묵은 이야기를 하는 동안 시간조차 우리 이야기에 빠졌는지 꾸물거리며 천천히 지나갔다. 이상하게 우리의 이야기는 해도 해도 끝이 없다. 오히려 그 끝은 또 다른 시작에 맞물려 계속 달려 나오곤 한다.

밤기운이 차가워지자 우리는 나란히 이불을 깔고 누웠다. 불을 꺼도 별빛이 새어 들어와 희미하게 우리를 비췄다. 우리는 또 이야기를 시작했다. 엄마도 아버지도 모두 소환됐다. 누가 언제 잠들었는지도 모르고 누가 가장 늦게까지 말을 했는지도 알 수 없다. 그냥 아무 대꾸가 없으면 모두 잠들었겠거니 하고 나도 자야지 했을 것이다. 그게 누구든지 간에. 특별한 이유도 없고 특별한 이야기도 없다. 그저 한 얘기 또 하며 딸 셋이 만나 공기 좋은 자연의 품에서 놀다가 하룻밤 자는 게 전부다. 하지만 그 시간으로 우리는 엄마 아버지라는 한 나무에서 뻗어 나온 같은 가지임을 벅차게 실감하며 엄마 아버지의 딸들이 되고, 온전히 언니가 되고 동생이 된다.

언니들과의 여행에서 돌아오니 힘이 나는 비타민을 통째로 먹은 듯 기운이 솟았다. 듬뿍 사랑받은 사람만이 지을 수 있는 미소가 지어졌고, 누가 뭐래도 나만의 믿는 구석 하나쯤 가지고 있는 사람처럼 당당해졌다. 당분간은 무슨 일이 있어도 아무 문제 없겠다. 앞으로 종종 언니들과 너른 자연의 품에 오롯이 안겨 사랑이라고 해도 좋고 에너지라고 해도 좋을, 안도감과 활기를 듬뿍 충전해야겠다. 언니. 하고 가만히 소리 내 불러만 봐도 벌써 따스하게 마음에 온기가 퍼진다.

제3부

토닥토닥 | 나를 다독이며 알아 가고

내 심심풀이 간식 3종 세트

 내가 좋아하는 심심풀이 간식은 참 소박하다. 학교 앞 문방구를 문턱이 닳도록 들락거리는 코흘리개들이 좋아할 만한 것들이다. 돈도 많이 필요 없다. 아주 저렴하다. 간단히 말하면 싸고 질 낮은 불량 식품이라고나 할까. 작은 동네 마트에 가면 계산대 옆에 아무렇게나 널려 있다. 누군가 일부러 사러 오기보다는 다른 걸 사러 왔다가 계산하기 직전 우연히 발견하고는 '어, 이거 내가 옛날에 진짜 많이 먹던 건데.' 하면서 추억에 젖어 한두 개 쓱 계산대로 올려놓는 그런 것들이다. 바로 옥수수 브이 콘과 주황색 쫀드기다. 여기에 옥수수 뻥튀기와 가운데 구멍에 손가락을 끼워 먹을 수 있는 마카로니까지 있으면 이보다 더 좋을 순 없이 환상적이다.
 옥수수 브이 콘은 옥수수의 고소한 맛을 강조하며 유탕 처리한 식품이라고 당당하게 겉봉에 쓰여 있다. 오십 그램의 적당한 양으로 포장도 소박하다. 다른 과자들처럼 화려하게 바람이 잔뜩 들어 있지 않다. 한 손에 쏙 들어온다. 국수 가락 너비로 먹기 좋게 썰어 달콤한 엿을 묻혀 튀긴 과자다. 겉이 매끈거려 손에 묻는 것도 없고 바닥에 떨어지는 부스러기도 없다. 한마디로 깔끔하게 청결과 품위를 지키면서 먹을 수 있는 과자다. 약간 딱딱한 식감은 먹을수록 중독성을 발휘한다. 달면서도 약간 짭조름하고, 고소하면서도 부드러운 맛이 난다. 브이 콘이라는 이름은 또 얼마나 멋진가. 사진 찍을 때 아직도 제일 많이 취하는 포즈가 손가락 브이 아니던가. 이기고 지는 게임에서도 승리를 의미하는 단어 맨 앞 알파벳으로 브이를 외친다. 아마도 경쟁 치열한 제과 업계를 평정하고 승리를 거두고 싶은 야심으로 지은 이름 같은 결기가 느껴진다. 소리 내어 불러 보면 입에 착착 달라붙는 매력도 있다. 브이 콘을 하나씩 야금야금 먹으면서 책을 보거나 영화를 보면 한 봉지는 금방 뚝딱이다. 유탕 처리가 되어 있어서인지 열량은 밥 한 공기와 맞먹는다. 맘껏 먹으면 맘껏 배가 나올 수 있다는 단점이 유일하다.

내가 브이 콘을 알게 된 것은 불과 몇 달 전이었다. 동네 마트에서 과일을 고르고 있던 내 뒤로 "어머, 이게 다 있었네." 하는 중년 여인의 놀란 목소리가 들려 돌아보니, 문 앞 구석진 비닐봉지에서 무언가 잔뜩 꺼내 계산을 하고 기분 좋게 나가는 것이었다. 나만 모르는 뭐 좋은 게 있었나 하는 궁금증과 호기심으로 슬쩍 문 앞으로 가 발견한 것이 바로 브이 콘이었다. '한 번도 먹어 보지 않은 사람은 있어도 한 번만 먹어 본 사람은 없었다.'에 딱 맞는 맛이었다. 그 뒤로 나는 열렬한 브이 콘 마니아가 되었고, 왠지 브이 콘을 먹으면 세상의 승리 또한 내 편이 되어 줄 것만 같아 기분이 좋아진다.

쫀드기는 그 옛날의 명성과 인기에 걸맞게 종류가 다양하다. 호박 쫀드기도 있고 꿀이 줄줄 흐르는 꿀 쫀드기도 있다. 나는 주황색 '단맛 쫀드기'를 제일 좋아한다. 쫀드기 중 가장 기본이다. 고속도로 휴게소에도 있을 정도로 역사와 전통을 자랑하며 제법 두터운 마니아층을 두고 있다. 약간 딱딱한 것을 죽죽 세로로 뜯어 먹는 맛이 일품이다. 손으로 뜯는 거보다는 앞 이로 뜯어 먹으면 더 맛나다. 크게 달지는 않다. 특별히 무슨 맛이라고 형언할 수 없는 맛, 그것이 바로 쫀드기의 맛이다. 입안에 오래 넣고 씹으면 서서히 부드럽게 풀린다. 가느다란 실을 먹는 것 같은 식감이다. 쫀드기도 브이 콘 못지않게 중독성이 있다. 봉지를 뜯으면 기어코 다 먹어 버리게 된다. 식탁에 놓고 오며 가며 하나씩 입에 길게 물고 다니며 먹는다. 약하게 달군 팬에 구워 먹으면 더 고소하다. 전자

렌지로 돌리면 부드럽긴 하나 금방 딱딱해지는 단점이 있다. 먹는 방법 또한 다양하지만 나는 그냥 봉지를 뜯자마자 그대로 먹는 걸 좋아한다.

 글을 다 쓴 후 마침표를 찍듯 장을 다 보고 마지막에 쫀드기를 바구니에 담는다. 하지만 종종 떨어져 못 살 때도 있다. 나는 우리 동네에서 쫀드기 좋아하는 나 같은 사람은 많지 않으리라 생각했는데 마트 사장님 말씀이 인기 품목이란다. 주로 중년 여성들 사이에서 인기가 많단다. 아, 그렇구나. 어릴 적 추억은 누구에게나 위로가 되는구나. 쫀드기를 먹으며 잠깐씩 다들 추억에 젖는구나. 새삼 사람들이 모두 고만고만하게 비슷한 모습으로 살아가고 있다는 걸 실감했다. 나만 다르지 않다는 동질감이 쫀드기를 먹을 때처럼 푸근한 위로가 되었다. 어릴 적 학교 앞에서 파는 쫀드기는 숫자가 새겨져 있고 그 숫자를 떼어서 먹을 수 있었다. 숫자 공부까지 염두에 둔 욕심 많은 과자였다. 일부터 차례로 숫자를 뜯어 먹는 재미는 제법 남달랐다.

 지금까지도 쫀드기를 좋아하는 이유는 뭘까. 아마도 돈이 없어 맘껏 사 먹지 못했던 어린 시절 결핍에 대한 추억 때문은 아닐까. 학교 앞 문방구에는 늘 먹고 싶은 과자가 많았다. 알록달록 색깔도 예쁘고 겉에 달콤한 설탕이 잔뜩 묻어 있는 과자들이 어서 먹어 보라고 유혹했다. 하지만 주머니가 비어 있는 날이 더 많았다. 그런 날은 하염없이 쳐다만 보다 돌아서야 했다. 눈으로 보면서 먹을 수 없는 고통은 어린 나이에 커다란 상처였다. 곰곰 생각해 보면 지금 내가 좋아하는 대부분이 어릴 적 가지고 싶었지만 가지지 못했거나, 가졌지만 만족할 만큼 가지지 못한 결핍이 있었던 것들이다. 쫀드기는 내 어린 시절, 가난했던 추억이 새겨진 간식거리라 더욱 애틋할 수밖에 없고 자꾸 손이 갈 수밖에 없다.

뻥튀기와 마카로니도 내가 좋아하는 간식거리다. 뻥튀기는 알이 굵고 가루 없이 깔끔하게 튀겨진 것을 좋아한다. 마카로니는 작고 여러 가지 색이 섞여 있는 것이 좋다. 마카로니의 생명은 바삭거림이다. 입에 넣고 깨물었을 때, 바삭하고 소리를 내면서 부서져야 보관이 제대로 된 마카로니다. 한 봉지씩 사다가 식탁에 세워 놓으면 넉넉한 부자가 된 느낌이다. 속이 깊은 그릇에 뻥튀기와 마카로니를 반반 섞어 옆구리에 끼고 책을 읽으면 세상 누구도 부럽지 않다. 처음엔 한 페이지에 하나씩만 먹어야지 하고 마음을 먹는다. 책장이 술술 넘어간다. 얼른 먹으려는 마음에 놀라운 집중력이 생긴다. 하지만 얼마 지나지 않아 나도 모르게 쉴 새 없이 먹고 있다. 책은 조금밖에 못 읽었는데 그릇은 일찌감치 바닥을 보인다. 뻥튀기의 달콤하면서 고소한 맛도 좋고, 마카로니의 약간 기름진 바삭거림도 좋다. 부스러기가 생기지 않아 무엇보다 좋다.

 브이 콘과 쫀드기 그리고 뻥튀기와 마카로니는 나의 시간을 심심하지 않게 채워 주는 훌륭한 간식거리다. 울적한 기분을 전환할 때도 좋다. 커다란 비닐봉지에 한가득 담아 가슴에 안고 집으로 오는 길은 값비싼 명품 가방을 안고 오는 것 못지않게 흡족하다. 소박한 나만의 행복으로 가슴이 부푼다. 이걸 먹으면서 무슨 책을 읽을까. 어떤 영화를 볼까. 머릿속이 행복한 비명을 지르며 복잡해진다. 누군가 행복은 강도가 아니라 빈도라고 했던가. 이런 작은 행복을 날마다 맘껏 누리는 나는 참 행복한 사람이다. 직장을 그만두고 집에서 보내는 시간이 많아진 이후로 더더욱 이 간식거리 덕을 톡톡히 본다. 혼자 보내는 시간이 덜 지루하고 덜 심심하며 뭘 하든 집중은 더 잘 된다. 좋아하는 심심풀이 간식거리 하나쯤 확실히 가지고 있는 사람은, 누가 뭐래도 그렇지 않은 사람에 비해 한 열 배쯤은 더 행복하지 않을까.

나만의 호암지 사용법

집 가까운 곳에 누구든, 언제든, 자유롭게, 혼자도 안심하고 산책할 수 있는 공간이 있다는 것은 큰 행운이다. 내가 바로 그 행운의 주인공이다. 내가 사는 곳 바로 앞으로 호암지라는 커다란 호수가 있고 그 주변으로 아름다운 산책로가 잘 정돈되어 있다. 마치 우리 집 정원처럼 느껴져 풀 한 포기 나무 한 그루 애정이 듬뿍 간다. 나는 시도 때도 없이 산책을 나선다. 울적해서, 기분이 좋아서, 고민이 있어서, 심지어 피곤해서 나가기도 한다. 새벽에도 한밤중에도 그리고 햇살이 뜨거운 한낮에도 가리지 않는다. 비가 오면 우산을 쓰고 미세먼지가 심하면 마스크를 쓴다. 내가 산책을 나서지 못할 때란 없고 나가지 못할 이유는 더더욱 없다. 그냥, 아무 때나, 친한 친구 만나러 가듯 기분 좋게 집을 나선다. 호수를 끼고 구불구불한 길을 한 바퀴 걸으면 삼십 분 정도 걸린다. 나는 속도를 달리해 두 바퀴를 걷는다. 처음 한 바퀴는 빠른 걸음으로 뛰기도 하면서 숨이 찰 정도로 걷고, 두 번째는 천천히 구석구석 풍경을 음미하며 걷는다. 아기자기한 숲길은 날마다 새로운 모습이다. 새소리는 정답고 햇살은 따사롭다. 기분 좋게 땀이 나면서 몸도 마음도 개운해진다. 언제나 말없이 출렁이는 호수는 침묵을 좋아하는 성숙한 여인처럼 물끄러미 바라볼 뿐이다.

호암지에는 오래된 추억도 있다. 지금은 없어졌지만, 예전엔 호수에서 오리 배를 탈 수 있었다. 힘껏 페달을 밟아야 앞으로 나아간다. 멀리서 보면 유유자적 평화로워 보이지만, 다리 근육이 당길 정도로 쉼 없이 페달을 밟아야만 한다. 큰아이가 어린 시절, 어린이날 선물로 오리 배를 탔다. 당시 나는 다리를 다쳐 목발을 짚는 신세였다. 나는 타고 내리는 것도 쩔쩔맸고 목발까지 짚고 나온 나를 별스럽다는 듯 힐끔거리는 시선도 창피했다. 남편 혼자 한 시간 동안 페달을 밟았다. 아이는 신났지만 남편은 힘들었고 나는 가시방석에 앉은 듯 불편하기만 했다. 멀리서 보면 단란한 가족의 행복한 모습이었겠지만, 보이는 게 전부가 아니었다. 지금은 웃으며 이야기하는 편안한 추억이 되었고, 아이도 행복했던 어린이날로 기억한다. 종종 희미한 미소로 그날의 기억을 더듬거리면 호수는 다 알고 있다는 듯 고개를 끄덕이며 바람에 몸을 뒤척인다.

호암지는 나의 비밀을 가장 많이 알고 있다. 엄마에게 하루 일을 낱낱이 고하는 어린아이처럼 호수에게 내 모든 것을 털어놓기 때문이다. 부끄러워 아무에게도 말하지 못하는 비밀도 술술 말이 되어 나온다. 호수는 절대 화내는 법이 없다. 어설픈 훈계도 없다. 조목조목 내가 잘못한 거라고 지적하거나 꾸짖지도 않는다. 언제나 잔잔한 물결을 만들며 신중하게 귀를 기울일 뿐이다. 제일 맘에 드는 것은 과묵함이다. 누군가에게 옮길까 걱정할 일이 없다. 내 온갖 누추한 비밀을 간직한 채 한결같은 너른 품으로 나를 품어 준다. 폭풍처럼 분하고 억울한 속마음을 털어놓고 난 후 후련함을 느낄 즈음이면 부드러운 물이랑으로 가만가만 나를 다독인다. 어느새 나는 다시 순하고 착한 아이가 되어 스스로 되돌아보며 반성한다. '내가 잘못했네, 내일 내가 먼저 사과해야지, 그래, 다음에는 이렇게 해 봐야지' 흐트러졌던 마음의 조각들은 어느덧 고르게 줄 맞춰 정돈되고, 엉켰던 생각들은 알아서 가지런해진다. 호수는 침묵으로 깊은 깨달음을 선물하고 나는 천천히 원래의 나로 회복된다.

호암지에는 작은 샛길이 많다. 누군가 숲속 잡목을 가르며 좁은 길들을 새로 만들어 얼기설기 이어 놓는다. 영산홍이 우거진 쪽으로 새로 난 길을 돌면 쭉쭉 뻗은 우람한 나무들이 곧게 늘어선 길이 나온다. 내가 가장 좋아하는 '나의 길'이다. 양옆으로 나란한 나무들이 거수경례라도 하는 듯해 기분이 우쭐해지고 꼿꼿이 허리가 펴진다. 보는 사람이 없을 때면 악수를 하듯 나무들을 토닥이기도 한다. 나만의 벤치도 있다. 어느 날 보니 호젓한 곳에, 벤치가 새로 놓여 있는 게 아닌가. 호수가 잘 보이고 커다란 참나무가 긴 가지를 뻗고 있는 양지바른 곳이었다. 앉아 보니 고요하고 편안한 게 마음에 쏙 들었다. 곧바로 나는 '나의 벤치'로 보이지 않는 이름표를 붙였다. 산책할 때마다 잠깐씩 앉아 살뜰한 주인의 마음으로 쓰다듬는다. 뭐든 의미를 부여하면 특별해진다. 더 좋아하게 되고 사랑하게 된다. '나의 길'과 '나의 벤치'는 마치 소풍 때마다 애를 태웠던 보물을 찾아낸 것처럼, 산책할 때마다 남모르게 은밀한 기쁨을 준다. 나는 호수 곳곳에 보물을 간직한 행복한 부자가 되어 날마다 걷는다.

 호암지는 사계절 모두 아름답다. 봄이면 색색의 꽃들이 꽃대궐을 이룬다. 벚꽃은 가로등 불빛보다 더 환하게 빛나고, 그 아래에 서면 누구라도 예쁘지 않을 수 없다. 오월의 아카

시아는 달콤한 향기로 발길을 유혹한다. 여름이면 저절로 기운이 솟는 초록의 힘이 호수 전체에 그득하다. 활력이 넘치고 강렬한 생명력이 느껴진다. 가을엔 한없이 풍성하다. 붉게 물든 단풍나무가 풍요로움을 더하고, 반질거리는 알밤이 헤벌쭉 웃는다. 버릇없는 도토리가 이마에 딱 밤을 주기도 한다. 겨울은 또 어떤가. 하얗게 눈 덮인 호수는 깊은 잠에 빠진 듯 고요하고, 뽀드득거리는 눈길을 걸을 때면 깨끗한 세상과 하나가 된다. 호수는 사계절 언제나 매력적이지만 나는 이맘때 가을 풍경을 가장 좋아한다. 정직하고 겸손한 인생을 잘 살아온 사람만이 지을 수 있는 반듯하고 넉넉한 표정이라고나 할까, 일 년 중 가장 깊은 성숙함이 묻어난다. 한발 한발 힘주어 걸을 때면 지금, 여기, 내가 살아 있다는 삶의 축복이 들숨 날숨으로 온몸에 전해진다.

어느덧 중년이 된 내 인생도 사계절로 보면 이제 가을의 문턱을 막 넘어서고 있다. 이번 가을이 가면 어김없이 내년 가을이 올 테지만, 내 인생의 가을은 한번 지나면 다시 오지 않는다. 아무리 매달려도 두 번 다시 오지 않는다. 더구나 좋은 건 더 빠른 걸음으로 지나가는 법, 가을은 짧다. 내가 정신 차리고 매 순간 정성을 다해 살아야 할 이유다. 내가 허투루 보내도 되는 때란 단 한 순간도 없음을 벌써 가을 끝자락을 서성이는 호수 풍경이 서늘하게 일러준다.

　요즘 나는 호암지로 더 자주 나가고 더 오래 머무는 일상을 보낸다. 호수 주변을 산책하며 종종 깊은 내면으로 향하는 길로 접어든다. 호수는 침묵으로 다정하게 말을 걸어오고 나는 더 깊은 사색으로 내면의 숲을 거닌다. 가장 정직하고 솔직한 내가 되어 느릿느릿 걸으면 어느새 고요한 평화가 찾아오고, 마음은 순하고 착해진다. 날마다 조금씩 조금씩 더 좋은 사람으로 나는 성장한다.

나를 알아 가는 시간

가죽 공예를 시작했다. 일주일에 한 번, 두 시간씩 10주 과정이다. 통가죽을 활용하여 작은 카드 지갑과 팔찌, 키홀더, 장지갑, 벨트, 끝으로 크로스백을 만들면서 마무리되는 과정이다. 가죽 공예는 처음이다. 손을 써서 뭔가 만들어 보고 싶었고 일주일에 한 번이라 부담 없이 용기 냈다. 첫날인 오늘은 카드 지갑을 만들었다. 생가죽에 내가 좋아하는 초록색으로 염색을 하고, 이름과 무늬를 새긴 후 꼼꼼하게 방수 처리까지 했다. 완성은 다음 시간에 한 땀 한 땀 바느질까지 하고 나서다. 내 이름이 선명하게 새겨진, 세상에 하나밖에 없는 나만의 카드 지갑이 생기는 것이다. 뭔가 내 것을 내 손으로 직접 만든다는 것은 언제나 가슴 벅차고 특별하다.

지금은 코로나로 중단된 도자기 공예도 참 좋았다. 내 이름이 새겨진 화분이나 밥그릇, 커다란 접시를 만드는 것은 말할 수 없는 뿌듯함이었다. 어설프고 보잘것없는 초보 작품이지만, 결과물 앞에서 느끼는 희열은 여느 예술가 못지않았다. 수없이 손을 놀리며 주무르고 쓰다듬고 깎아내리다 보면 어느새 두 시간이 훌쩍 지나 있어 놀라곤 했다. 역시 머리보다 손을 많이 쓰니 집중은 물론 머릿속까지 말끔해진다. 잡생각으로 머리가 산만하고 마음이 복잡할 때는 도자기나 가죽 공예처럼 쉴새 없이 손을 움직여 뭔가 만드는 것이 최고인 듯하다.

나는 유난히 '나만의 것'을 좋아하고 추구한다. 확실하고 명백하게 나의 소유를 증명해 주는, 내 이름이 새겨진 것이라면 그게 뭐가 됐든 열광한다. 이는 도자기와 가죽 공예에 흥미를 느끼는 이유이기도 하다. 나의 것임을 확인하고 주장하면서 개별적이고 주체적인 존재로서의 나를 자각한다고나 할까.

어렸을 때 많은 형제 틈에서 자랐다. 당연히 나만의 것을 갖지 못했다. 두 살 터울의 언니하고는 옷도 신발도 같이 입고 신었다. 네 것 내 것이 따로 없었다. 방도 여러 명이 함께 썼다. 내 방은 감히 꿈도 꾸지 못했다. 학용품도 온전히 내 것을 가지지 못했다. 어쩌다 새것이 생겨 내 것으로 아껴 두면 바로 위 언니가 야비한 방법으로 빼앗아 갔다. 언니는 꼭 아버지와 함께 있을 때 나에게 학용품을 달라고 졸랐다. 내게 아껴 둔 학용품이 있다는 걸 귀신같이 알고는 말이다. 당연히 내가 싫다고 하면 옆에서 보고 계시던 아버지는 왜 자매끼리 학용품을 나눠 쓰지 않느냐고, 나만 이기적이고 나쁜 동생처럼 혼내셨다. 나는 아끼느라 한 번도 써 보지 못한 새것을 울면서 고스란히 언니에게 줄 수밖에 없었다. 아버지는 자매끼리 뭐든 아낌없이 나눠야 하는 우애를 강조하셨다. 어린 마음에 내 편을 들어주지 않는 아버지가 서운하고 미웠다. 아버지를 이용하여 내게서 소중한 것을 빼앗아 가는 언니도 괘씸하고 얄미웠다. 나는 내 것을 제대로 지키지 못하고 내어 주어야 하는 상실감 속에 어린 시절을 보냈고, 이는 어른이 된 지금까지 유난히 나만의 것에 집착하고 매달리게 했다.

지금도 난 문구용품에 흥분한다. 단정하고 깔끔하게 각진 하얀 지우개며 매끈한 샤프 연필, 색색의 형광펜만 보면 갖고 싶은 욕심을 주체하지 못한다. 얼른 사고 싶어 손이 근질거린다. 어린 시절 억울하고 분한 마음이 오롯이 되살아나면서 상처를 건드린 듯 아파진다. 아직도 내 안에는 아끼던 학용품을 빼앗기고 엉엉 울고 있는 내면 아이가 있나 보다.

이제는 울고 있는 내면 아이에게 진심으로 말해 주고 싶다. 더는 그 누구도, 그 무엇도 무례하게 함부로 빼앗아 갈 수 없다고, 더 이상 소중한 걸 내어 주고 울어 버리는 나약한 어린

아이가 아니라, 내 것을 굳건히 잘 지킬 수 있는 강하고 단단한 어른이 되었으니 안심하라고 꼭 안아 주고 싶다. 그래야 비로소 울고 있던 그 아이는 웃으며 떠나게 될 테니까. 요즘은 뭘 하든 나를 들여다보고 나를 알아 가는 내밀한 시간이 된다.

 늘 그렇듯 시작은 설레고 낯설다. 약간의 긴장된 느낌이 나쁘지 않다. 앞으로도 꾸준히 재밌고 생산적인 '새로운 시작'을 많이 만들 작정이다. 되도록 손을 많이 쓰고 뭔가 나만의 것을 만들어 내는 것으로. 다음 시간이면 완성되는 카드 지갑이 무척 기대된다.

나는 자연스러워지고 있다

 공기 맑고 풍광 좋은 곳에 세컨드 하우스를 장만해 두고 휴일이면 찾아와 쉬었다 가는 사람들이 많다. 세컨드 하우스는 말 그대로 제2의 집, 두 번째 집으로 몸과 마음을 휴식할 수 있는 힐링 목적에 가까운 집을 말한다. 시골 마을을 지나다 보면 옹기종기 맞닿아 있는 허름한 집들과 달리 멀찌감치 떨어진 곳에 눈에 띄게 번듯한 새집들이 많이 들어서 있다. 나는 세컨드 하우스보다는 '별장'이라는 다소 고전적인 이름으로 부른다. 둘 다 나와는 평생 인연이 없을 듯해 그저 그림의 떡으로만 바라보며 지나쳐 왔다. 그런데 얼마 전 친구가 가지고 있는 시골집을 가 보고는, 나도 이런 시골집 하나 세컨드 하우스로 가졌으면 하는 욕심이 생기고 말았다.
 휴일 새벽, 세 명의 친구와 집 가까운 곳에 있는 둘레 길을 산책했다. 오르막과 내리막이 적당히 섞여 있는 사 킬로미터가 넘는 길은 아침 운동으로 만만치 않았다. 힘도 들고 배도 고픈 우리를 친구 하나가 시골집에서 함께 아침을 먹고 헤어지자고 제안했다. 우리는 좋다고 시골집으로 향했다. 한적한 시골 마을 어귀에 자리 잡은 오래되고 허름한 흙집이었다. 작지만 마당과 마루가 있고 나란히 붙어 있는 두 개의 방이 시골집다운 정서를 풍겼다. 마당 앞으로 조금 높게 자리한 텃밭엔 다양한 채소가 실하게 달려 있었다. 토마토, 가지, 고추, 깻잎 등 없는 게 없었다. 마당 입구에는 이름 모를 분홍색 꽃무더기가 환하게 피어 우리를 반겼다. 이름을 검색하니 낮달맞이꽃이었다. 꽃말은 무언의 사랑이란다. '이 집에 오는 사람이면 누구나 말없이 듬뿍 사랑하겠어요.'라고 수줍은 고백이라도 하는 듯 바람에 살랑거렸다.

　마당과 현관 사이 바람이 잘 통하는 시원한 곳에 커다란 탁자가 있어 아침 밥상으로 안성맞춤이었다. 바구니 가득 뜯어 온 갖가지 채소와 금방 지은 밥으로 정갈하고 풍성하게 한 상 차렸다. 고개를 드니 쑥쑥 삐져나와 있는 옥수수수염과 풀 한 포기 없는 깔끔한 고랑에 가지런히 줄 맞춰 있는 콩들이 바람에 몸을 뒤척였다. 한적한 시골 들판으로 소풍을 나온 듯 평화로웠다.

　밥맛은 꿀맛이었다. 금방 따 온 고추를 된장 찍어 먹는 것도 맛있고, 살짝 구운 토마토와 가지도 담백했다. 양쪽으로 통하는 시원한 바람과 눈 앞에 펼쳐진 초록 물결 그리고 느긋하고 여유 있는 시골의 정감이 더 이상 좋을 수 없는 맛을 내고 있었다.

흙으로 지은 방은 서늘하고 시원했다. 들어가 누우면 금방 코를 골 것만 같았다. 집안 곳곳엔 어디선가 얻어 오고 누군가 버린 것들로 채워져 값나가는 물건은 없었지만, 있어야 할 것들은 모두 있었다. 여름 내내 한번 켤까 말까 한다는 에어컨까지 떡하니 서 있었다. 깔끔한 친구의 성미답게 낡고 오래된 집기지만 반질반질 윤이 나고 정돈이 잘 되어 있었다. 친구네는 시내에 있는 아파트에 살지만, 몇 년 전 남편이 여유시간에 농사를 짓고 싶다고 해서 마련한 집이라고 했다. 주로 남편이 주말이나 휴일에 머물면서 텃밭을 가꾸며 조금씩 농사를 짓고, 친구도 시간 날 때 와서 쉬고 간단다. 집에서 한 시간도 안 되는 거리에, 살림이 가능해서 언제든 휴식이 필요할 때면 편하게 오고 있다고, 조용한 마루에 누워 마당을 내다보기만 해도 마음이 순해지고, 호스로 텃밭에 물만 주어도 기분이 전환된다고 했다. 얘기만 들어도 좋았다. 정말 저절로 힐링이 될 것만 같았다.

나도 이런 아담한 시골집 하나 있으면 얼마나 좋을까. 오래

되고 낡아도 상관없다. 허름해도 안전하기만 하면 된다. 방과 마루가 있고 가지각색 예쁜 꽃들을 심을 수 있는 작은 마당이 있으면 더할 나위 없겠다. 마루에 앉으면 하늘이 보이고 산이 보이고 지나가는 사람들의 뒷모습이 작게 보일 정도로 외딸지 않았으면 좋겠다. 나는 거기서 낮잠도 자고 책도 보고 음악도 들으면서 빈둥거릴 것이다. 그러다 배가 고프면 큰 놈으로 고추 두어 개 따다가 묵은 된장 찍어 순한 누룽지랑 먹고 싶다. 소박하지만 자연을 듬뿍 담은 건강한 밥상으로 속을 채우고 콩이 자라고 옥수수가 영그는 소리에 귀 기울이고 싶다. 그러면 분명 다시 힘이 생기고 말간 내 얼굴을 되찾을 수 있으리라.

점점 자연이 좋고 자연을 가까이하고 싶어진다. 예전에 보이지 않던 나무도 꽃도 눈에 들어온다. 산책길에도 아, 이렇게 예쁜 꽃이 여기 있었나? 언제부터 있었지? 하는 것들이 많다. 나무도 마찬가지다. 그동안 한 번도 내 눈에 띄지 않던 멋진 나무들이 요즘은 내게 말을 건다. 나 여기 있다고, 내 이름 궁금하지 않냐고. 자주 나무와 꽃 이름을 검색해 보는 버릇이 생겼다. 꽃이 대충 보면 모두 엇비슷하지만, 자세히 보면 모두 다르고 각각 이름도 있고 꽃말도 있다는 것이 무척 신기하다. 이런 이름과 꽃말은 누가 맨 처음 지었을까. 왜 이런 꽃말을 부여했을까. 자꾸 궁금증이 늘어나고 생각이 많아진다. 나는 점점 자연스러워지고 있나 보다.

투명하게 나를 들여다보는 것

벌써 8월이다. 달이 바뀌고 처음 글을 쓸 때면 아낌없이 '벌써'라는 부사를 쓰게 된다. 진부하지만 달리 쓸 말을 찾을 수 없고, 벌써 만큼 자연스러운 말도 없다. 거기에 '아니'라는 말을 붙이면 더욱 찰지다. '아니 벌써' 8월? 지금 내 마음을 이보다 더 잘 표현할 수 있는 말이 있을까. 정말 아니 벌써 8월이다. 올해 시작하면서 이것저것 계획도 많았고 의욕도 넘쳤다. 이만하면 백수 생활도 안정기에 접어들었으니 제대로 보내 보리라 결의에 찼건만, 얼마 안 가 코로나가 무섭게 퍼지면서 나의 계획은 엉망이 되고 말았다. 해외여행 계획이 취소되고 매달 한 번씩 혼자 떠나기로 한 국내 여행도 못 가게 되었다. 그저 집에서 바이러스의 동향이나 살피면서 혹시라도 우리 집까지 쳐들어올까 잔뜩 경계하며 보내는 게 전부다. 그나마 읽을 책이 있고 날마다 나를 다독이는 글쓰기가 있어 지치거나 지루하지 않은 게 다행이라면 다행이다.

 남편이 출근하고 난 아침이면 간단히 청소를 마치고 차 한 잔 들고 노트북 앞에 앉는다. 꼭 써야 하는 것은 없지만 쓸 거리는 넘친다. 아주 가끔은 막막할 때도 있지만 걱정 안 한다. 자판에 손을 올리고 '나는 오늘'이라고 시작만 하면 뭐든 써진다. 생각 없이 시작하면 누군가 앞에서 내 손을 잡아끌 듯, 정말 조금도 생각 못 한 쪽으로 나아가게 된다. 그럴 땐 나도 어쩔 수 없다. 누군지도 모르고 뭔지도 모르지만 믿고 끝까지 따라가는 수밖에. 그러면 후련하다. 내 속 어딘가에 깊게 고여 있던 웅덩이 하나를 깨끗이 퍼 올린 듯 개운하다. 더구나 다 써 놓고 보면 그리 이상하지 않다는 게 정말 이상할 따름이다.

 글이란 게 그런 것 같다. 쓰고자 마음먹은 것보다 자연스레 우러나오는 것을 쫓아갈 때가 더 즐겁고 나풀나풀 가볍다. 어차피 뭘 쓰든 내 실력은 고만고만하다. 그러니 애초에 쓸거리가 있고 없고는 그리 중요하지 않다. 내 안에는 밖으로 나오기만을 고대하는 이야기가 켜켜이 쌓여 있다고 믿는 것, 날마다 그물을 던지는 어부의 심정으로 내 안에 그물 던지기를 멈추지 않는 것, 대청소를 하듯 내가 보낸 시간의 조각들을 모두 들춰내 먼지를 털고 바람에 말려 차곡차곡 다시 정리하는 것, 그리하여 마침내 내가 가벼워지고 밝아져 자주 웃는 얼굴로 돌아가는 것, 맞다. 글쓰기는 지금까지의 나의 시간을 거꾸로 다시 만져 보는 시간이고, 그 시간의 언저리를 서성이는 시간이며 그 안에 있었던 나를 안아 주는 시간이다. 나의 글쓰기는 지나간 나의 삶을 다시 한번 살아 보는 것이다. 8월에도 변함없이 나는 쓰고 또 쓸 것이다. 날마다 쓰는 기쁨을 맘껏 누리리라. 잘 쓰려는 욕심만 부리지 않으면 글쓰기만큼 다정한 위로가 어디 있겠는가. 톡톡 소리를 내며 한 페이지씩 까맣게 차오르는 충만함이라니.

매일 아침, 내가 머물 거실을 꼼꼼하게 걸레로 훔쳐 내듯이 날마다 쓰면서 나의 마음을 말끔히 닦아 낸다. 깨끗하게 정돈하고 가지런하게 다시 배열한다. 밤새 먼지처럼 쌓인 욕심을 탁탁 털어 내고 감사와 고마움을 한껏 채운다. 고요하게 나의 마음 밭을 거닐 자유로운 시간을 가질 수 있다는 것, 그리고 그 안에 오래 머물 수 있는 여유가 있다는 것, 누구나 가질 수 있는 축복도 아니고 아무나 누릴 수 있는 기쁨도 아님을 안다. 그동안 열심히 최선을 다해 왔기에 비로소 받을 수 있는 근사한 선물이지 싶다.

근데 이상하게 요즘은 혼자 뭘 한다는 게 종종 내키지 않을 때가 있어 당황스럽다. 사실 나는 혼자가 좋고 편한 사람이다. 누구와 함께 있으면서 신경 쓰는 것보다 혼자가 낫다는 생각을 늘 품고 살았다. 혼자도 외롭거나 우울하지 않을 자신이 있었고 누구보다 잘살 수 있다는 확신이 있었다. 여건만 된다면 혼자 살아 보고도 싶었다. 하지만 퇴직으로 혼자 보내는 시간이 날마다 거대한 파도처럼 밀려오자 혼자가 좋다는 나의 확신이 그리 단단하지 않다는 걸 알았다. 작은 바람에도 뿌리째 흔들리는 나약하기 그지없는 나만의 착각이라는 것도. 혼자 있으니 자주 의기소침해지고 마음만 먹으면 할 수 있는 많은 것들이 시들해질 때가 많으니 말이다. 혼자서도 하고 싶은 거 다 하면서 활기 있게 잘 산다고, 살 수 있다고, 두고 보라고 반드시 보여 주고야 말겠다고 다짐 또 다짐했건만 점점 행동반경이 오그라들고 있다.

곰곰 생각해 보니 어쩌면 나는 혼자인 걸 두려워하는 사람인지도 모르겠다. 혼자라는 외로움이 두려워 오히려 혼자가 좋다고 애써 우기고 있었는지도. 속내를 겹겹이 숨긴 채 나에게조차 새침하게 거짓말을 하곤 하는 나이기에 진짜 속마음을 알기가 쉽지 않다. 내가 진정 원하는 것은 무엇인가. 언제나 이 물음에 대한 답을 촘촘하게 찾아가는 과정이 내게는 글쓰기다. 당분간 나의 글쓰기 목표는 잘 쓰는 게 아니라, 투명하게 나를 들여다보는 것이다. 내 깊은 곳의 울림에 오래오래 귀 기울이며 눈 크게 뜨고 집중해 봐야겠다.

나는 어떤 글을 쓰고 싶은가

 나의 글쓰기 주제에 대하여 생각해 봤다. 마음 내키는 대로 자유롭게 쓴다고 해도 자세히 들여다보면 늘 같은 내용의 글을 비슷한 스타일로 쓰고 있다. 퇴직까지의 과정이나 퇴직 후의 일상, 그리고 지금까지 내가 자라 온 시절에 관한 이야기가 전부다. 스타일도 마찬가지다. 과거를 회상하며 아쉬움도 있고 부족함도 있지만 그래도 잘 살아왔다, 앞으로는 이렇게 저렇게 더 잘살아 보자며 재미도 생기도 없이 초등학생 일기처럼 반성과 다짐으로 일관된다. 왜 그럴까. 다양한 주제의 글을 쓰지 못하고 같은 주제에 매달려 있는 이유가 뭘까. 아마도 내가 가장 생각을 많이 하고 잘 알고 있기 때문일 것이다. 퇴직을 결심하기까지 퇴직에 대하여 얼마나 많이 생각하고 고민했던가. 그러는 과정에서 자연스럽게 나만의 생각이 단단하게 정리됐을 것이다. 내가 자라 온 어린 시절이나 살아

온 시간도 마찬가지다. 내가 직접 경험하며 그 시간을 온몸으로 통과해 왔기에 지문처럼 선명하게 내 안에 새겨졌을 것이다.

 잘 알고 오래 생각해 나름대로 나의 것으로 정리되고 정의된 것들은 언제든 누구에게든 쉽게 꺼내 펼칠 수 있다. 구르는 실타래처럼 막힘없이 술술 스스로 알아서 굴러간다. 머릿속에서 온갖 이야기들이 앞다퉈 나오려고 아우성치는 소리가 요란하다. 쓰면 쓸수록 가지를 치고 새잎을 밀어내며 또 다른 새로운 이야기들이 삐죽삐죽 얼굴을 내민다. 내가 쓸 수 있는 글은 오래오래 내 안에 머물며 나만의 색깔을 지니게 된 것뿐이다. 그러니 어쩔 수 없이 제한적이고 한정적일 수밖에 없다. 문체 또한 세련되거나 매끄럽지 못한 게 사실이다. 누군가에게 흥미를 주거나 호기심을 불러일으키기에는 턱없이 부족하다. 넋두리나 신세 한탄에 가까울 때가 많다. 글쓰기에서 피해야 할 모든 요소를 골고루 갖추고 있다는 걸 잘 안다.

 특정한 분야에 관하여 누군가에게 도움을 줄 만한 이야기가 있는 것도 아니고 놀라운 경험을 한 적도 없다. '세상에 이런 일이'에나 나올 법한 특이한 삶을 산 건 더더욱 아니다. 하품이 나올 정도로 심심하고 평범한 삶이 전부다. 그렇다고 내가 어릴 적부터 책을 많이 읽으며 재능에 버금가는 기본기를 탄탄하게 다진 것도 아니다. 그나마 삼십 년 직장 생활 동안 시간이 나면 책을 펼치고 마음이 내키면 일기를 써 온 덕분에 자연스레 몸에 배어 밋밋한 일상을 쓰고 또 쓰는 정도일 뿐이니 어쩔 수 없다.

 반드시 써야 할 거리나 특별한 경험은 없더라도 날마다 쓰다 보면 어떡하든 써지는 게 글인 것 같다. 매번 비슷한 맥락과 문체, 너무도 뻔한 결말이 지루하고 따분한 게 문제지만. 하지만 이 또한 나만이 쓸 수 있는 글이라고 생각하면 조금은 뻔뻔해져도 되지 않을까. 세상에 나와 똑같은 사람은 없을 테니까. 나의 일상도 보잘 것 하나 없지만, 세상에 하나밖에 없는 고유한 일상이니 시시하고 하찮을 이유는 없다. 세상에 둘도 없는 고유한 나의 일상을 세상 누구도 쓸 수 없는, 나만이 쓸 수 있는 글로 기록한다면 그것만으로도 가치는 충분하지 않을까. 설령 그 글이 볼품없고 납작해서 도통 읽을 맛이 나지 않더라도 말이다.

 특별한 이야기, 놀라운 이야기, 기가 막힌 이야기는 나 아닌 다른 훌륭한 작가의 몫이니 내가 기웃대거나 욕심부릴 영역이 아니다. 오로지 나의 삶만이 내 소관이며 나의 글감이며 내가 써야 할 기록이다. 재미있고 매력적인 글감은 실력이 조금 부족해도 읽을 맛이 난다. 시시하고 지루한 글감은 아무리 뛰어난 실력으로 화려하게 포장을 한다 해도 그 민낯은 어쩔 수 없이 드러나고 만다.

특별할 것 하나 없는 내가 글을 쓴다면 나의 일상이 곧 글감이 될 수밖에 없고, 그 글감은 내 손으로 만들 수밖에 없다. 지금 내가 서 있는 자리와 내가 만나는 사람 그리고 내가 하는 생각과 말이 곧 나의 글감이 된다. 그렇다면 나는 지금 어디에서 누구와 무슨 생각을 하며 어떤 말을 나눌 것인가.

좋은 글은 좋은 사람에게서 나오고 매력적인 글은 매력적인 사람에게서 나온다. 내가 쓰고 싶은 글이 있다면 내가 먼저 그런 사람이 되어 그런 삶을 살아야 한다. 나는 과연 어떤 글을 쓰고 싶은가.

내가 책을 좋아하는 이유

　우연히 책 정리를 하다가 첫 장에 '나를 닮은 주인공'이라는 2009년도 메모를 발견했다. '책 읽는 여자'라는 제목과 표지 앞뒤를 보면서 무슨 내용이었는지 짐작하려 했지만, 십 년도 더 지난 책이라 조금도 생각나지 않았다. 그래서 다시 읽기 시작한 것이 일주일 전이었고 드디어 오늘에서야 다 읽었다. 450여 페이지나 되는 두꺼운 책이다.
　서른 살의 '타냐'라는 주인공은 책을 무척 좋아한다. 나도 책을 좋아하지만 나보다는 한 천배쯤 더 좋아한다. 마지막 부분이 인상적이다. 타냐가 사랑하는 남자 친구인 칼이, 책을 좋아하는 타냐에게 하는 말이다. 책 읽는 즐거움은 체험하는 만큼의 기쁨은 아니라고, 진짜 사랑, 진짜 분노, 진짜 두려움, 진짜 기쁨이 아니라고, 책 읽는 것은 구경일 뿐이라고, 나와 함께 있으면서 진짜 사랑과 진짜 기쁨, 진짜 분노와 슬품을 느껴 보라고, 무슨 일이 있어도 당신에게 실망하는 일은 없을 테니 안심하라고.

내가 책을 좋아하는 이유는 무얼까. 때로는 누군가를 만나 관계를 맺고 그 관계가 주는 스트레스를 감당하다 보면 차라리 그 시간에 책을 읽는 것이 더 낫다고 생각할 때가 있다. 무례하고 피곤한 사람을 만나 밥 먹고 시시껄렁한 수다로 시간 낭비하느니, 좋은 책 한 권 읽는 것이 더 이롭고 즐겁다는 생각이 자연스레 든다. 현실보다 책은 더 섬세하고 치밀하고 완벽하다. 그저 보면서 머릿속으로 상상하고 그리기만 하면 된다. 그러다 맘에 들지 않고 재미없으면 가차 없이 탁하고 책장을 덮으면 그만이다.

잠시 여운이 남아 주인공들의 심리와 행동을 이어 생각해 볼 때도 있지만, 이도 얼마 안 가 그만두면 그만이다. 스트레스도 없고 갈등도 없다. 고민도 혼란도 없다. 충격도 분노도 없다. 책 속에서 들여놓았던 발을 살짝 빼기만 하면 달라지는 것은 없다. 신경 쓸 거라고는 털끝만큼도 없다. 첫 장부터 정 마음에 들지 않는 책을 만난다 해도 책값 정도 떡 사 먹었다 치면 그리 배 아프지 않을 터, 그래서 나도 주인공처럼 책을 좋아하는지도 모른다. 책을 통한 경험과 체험은 누구도 실망하지 않을 테니까. 책 안에서는 누구든 실제로 만나는 일도 없고 상처받을 일도 없이 슬슬 구경만 하면 되니까.

 이 책을 처음 읽었을 때도 난 겁쟁이였을 것이다. 책 속의 다양한 이야기 속으로 숨고 싶었을 것이다. 사람들 기대에 못 미쳐 실망시킬 수 있다는 두려움, 제대로 못 해낼지도 모른다는 불안감에 진짜 기쁨과 진짜 슬픔, 진짜 분노와 두려움을 회피하고 외면하면서, 책 속으로 도망쳤을 것이다. 그러니 '나를 닮은 주인공'이라는 메모를 적어 놓았겠지. 십 년이 더 지난 지금도 여전히 나는 진짜를 체험하고 경험하는 것을 두려워한다.

 새로운 사람을 만나 새로운 관계를 맺기보다는 쉽고 간편하게 새로운 책을 집어 든다. 책 속의 주인공과 만나고 책 속에서 벌어지는 일에 울고 웃으며 즐거워한다. 그리고 혼자만의 상상과 공상에 빠져든다. 누구에게도 비난받거나 평가받을 걱정 없이 새로운 세계를 즐긴다. 생각해 보면 내가 책을 좋아하는 이유는 단지 현실을 당당히 직면하지 못하는 겁쟁이의 용기 없는 선택이었고, 세상 사람들과의 복잡하고 피곤한 관계망에서 도망치려는 몸부림이었는지도 모른다. 예나 지금이나 마찬가지로.

 퇴직한 후 거의 삼 년이 다 되어 간다. 그동안 다독상을 받을 정도로 새로운 책은 많이 읽었지만, 새로운 사람은 한 명도 사귀지 못했다. 바깥 활동을 거의 하지 않으니 당연할 수밖에. 나는 아직 바깥세상에 대한 불안과 두려움에 쉽게 문을 열지 못하고 있다. 그동안 사람들에게서 받은 스트레스와 실망이 여전히 아픈 상처로 남아 나를 더욱 안으로 움츠러들게 만든다. 오랜 치유의 시간이 필요할지도 모르겠다. 다른 사람보다 백배는 예민하고 여린 내가 삼십 년 동안 직장 생활하면서 이리 치이고 저리 치이면서 받았을 상처가 적지 않을 테니까.

서두르거나 조바심 내지 않을 것이다. 자연스럽게 마음이 이끄는 대로 따라갈 것이다. 섣불리 아무렇지도 않은 척, 씩씩하고 용감한 척 나를 속이지 않겠다. 아프면 아프다고, 두려우면 두렵다고, 준비가 되지 않았으면 아직은 때가 아니라고 솔직하고 당당하게 말하겠다. 평생 아물지 않는 상처는 없듯 시간이 지나면 분명 딱지가 생길 테니 그때 천천히 문을 열고 나와도 늦지 않으리라. 그때가 되면, 책 속에서 진짜 세상 밖으로 씩씩하게 걸어 나와 '책 읽는 여자'가 아닌 '책 쓰는 여자'가 될 수 있을지도.

나를 위한 소비라면

　노트북을 새로 산 이후 글을 더 자주 쓰게 된다. 아담한 크기에 빠른 속도, 그리고 마음에 쏙 드는 가을 분위기 물씬 나는 갈색 가방까지. 보기만 해도 저절로 기분이 좋아진다. 자판은 또 얼마나 부드럽고 섬세한지. 마치 사사 삭~ 소리가 나는 악기 같다. 흡사 피아노를 연주하는 것 같은 경쾌함이 손끝으로 전해진다. 심지어 헤드셋으로 피아노곡을 들으며 글을 쓸 때면 내가 그 곡을 연주하는 착각이 들어 고개를 까딱이며 손놀림에 한껏 멋을 부리게 된다. 속도는 또 얼마나 빠른지, 오 년이나 된 예전 노트북은 거의 인내심의 한계를 날마다 시험하는 수준이었다. 하지만 이것은 내가 부르길 고대하고 있었다는 듯, 온 스위치를 살짝 스치기만 해도 냉큼 깜빡이며 '나 불렀어요?' 하며 화면을 활짝 열고 대기한다. 어서 무엇이든 원하는 대로 해 달라고 조르듯이. 이러니 이뻐

하지 않을 수 없다. 날마다 노트북을 꺼내는 순간이면 더없이 행복하다. 아무것도 안 하고 한 번씩 쓰다듬기만 해도 그것은 그것대로 또 좋다. 역시 사길 참 잘했다. 최근에 내가 한 소비 중 가장 잘한 소비다.

거실에 까는 에어 쿨매트도 샀다. 열대야에 에어컨을 튼 거실에서 자려면 이리 배기고 저리 배겨 편안하게 잠들지 못했는데 이제는 문제없다. 두툼하고 푹신한 쿠션에 차가운 냉기까지. 받자마자 시험 삼아 한숨 자 봤더니 잠이 저절로 왔다. 우아. 이렇게 좋을 수가. 그동안 왜 이런 문명의 이기를 누리지 못하고 불편하게 살았는지. 올여름 더워서 잠 못 들어 걱정할 일은 없겠다. 이 또한 아주 잘 샀다. 나를 위해 아주 잘한 소비다. 잘한 소비는 오래오래 기쁨을 준다. 단돈 십만 원을 백만 원처럼 쓴 셈이다.

또 하나 있다. 아직 배달되지는 않았는데 캠핑용 의자와 탁자 세트도 어제 주문했다. 계곡에 나가 보니 그런 것이 요즘 대세였는데 우리만 모르고 얄팍한 돗자리만 달랑 가지고 다녔다. 울퉁불퉁한 돌 틈에 돗자리가 얼마나 불편한데. 가만히 살펴보니 다들 물 한가운데 의자와 탁자를 두고 그 위에 앉아 다리를 물에 반쯤 담근 채 하늘을 보거나 휴대폰을 보며 피서를 즐기는 게 아닌가.

 나이 지긋해 보이는 노부부가 유난히 눈길을 끌었다. 딱 봐도 새로 산 지 얼마 안 돼 보이는 세련된 의자와 탁자를 물속에 두고, 그 위에 다정하게 앉아 와인을 마시고 있었다. 탁자에는 고가로 보이는 와인 병과 하얀 냅킨이 깔끔하게 올려져 있었고. 세상에나, 물 한가운데서 와인이라니, 그림처럼 근사했다. 사진을 찍어 평화롭고 멋진 노후를 보여 주는 자료로 써도 손색이 없어 보였다. 간간이 미소를 지으며 발로 물보라를 일으키는 장난스러운 할아버지와 자주 할아버지 쪽으로 몸을 기울여 뭔가를 속삭이는 귀여운 할머니, 너무나 행복해 보여 샘이 날 지경이었다. 저분들의 젊은 시절은 어땠을까. 문득 궁금해졌다. 마음대로 상상의 나래를 펼치며 행복하게 만들었다 슬프게도 만들고, 불행하게 만들었다 안타깝게도 만들어 봤다. 사람들을 관찰하고 지켜보면서 이야기를 만들어 보는 재미도 제법 쏠쏠했다.

 남편과 함께 노부부의 아름다운 모습을 보면서, 우리도 충분히 할 수 있다고, 다만 한가지, 저들에게 있고 우리에게 없는 건, 인생을 즐기는 여유나 낭만이 아니고, 캠핑용 의자와 탁자 세트라는 다소 어이없는 결론을 내렸다. 그리고 집에 돌아와 바로 주문했다. 그것만 있으면 저절로 그런 그림 같은 모습의 주인공이 될 수 있기라도 하듯이. 일단 배달만 되면 계곡물에 발 담그고 앉아, 와인 잔을 들어 볼 작정이다. 그 그림이 멋질지, 어색하고 볼썽사나울지는 그때 가 봐야 알겠지만.

 벌써 퇴직한 지 삼 년이다. 소비 패턴을 바꾸기에 맞춤한 시점이다. 그동안 소비의 가장 큰 비중은 의류구입이었다. 하지만 이제는 일상의 편안함과 쾌적함을 위한 소비 비중을 늘려야 할 때다. 조금 더 삶의 질을 높일 수 있는 소비라면, 조금 더 나를 기쁘게 하는 소비라면 다소 과하더라도 망설이고 싶지 않다. 남편과 함께 넘치게 여유 시간을 즐기는 요즘, 조금 더 즐겁고 재미를 줄 수 있는 소비에 과감하게 지갑을 열겠다.

나만의 방

 드디어 나만의 방이 생겼다. 몇 달 전 돌아가신 시어머니가 쓰시던 방에 간단하게 내 책상과 의자 그리고 자그마한 책장을 들였다. 애초에 한쪽 벽면을 책장으로 꾸민 방이라 단출한 가구만 들였는데도 제법 구색을 갖춘 서재 분위기가 났다. 조용히 의자에 앉아 나만의 공간이 주는 아늑함과 자유로움을 만끽해 본다. 첫 아이가 태어나면서 시어머니와 살림을 합쳤으니 근 삼십 년 가깝게 시어머니의 방이었다. 그동안 좁은 집에 독립된 나만의 공간은 손바닥만큼도 허락되지 않았다. 언제나 어수선하게 복닥거리며 모든 걸 속속들이 공유하며 살았다. 그러기에 늘 나만의 독립된 공간을 간절히 바라고 원했다. 불쑥불쑥 화가 끓어오르는 것도, 자주 까닭 없이 우울해지는 것도 모두 나만의 공간이 없어서라고 핑계를 댔다. 심지어 부르지도 않았는데 용케 찾아온 갱년기 증세까지도.

시어머니 방 책장에서 벌을 서듯 먼지를 뒤집어쓴 채 침묵하고 있는 내 책들을 보노라면 나도 모르게 서글퍼지곤 했다. 나는 늘 꿈꿔 왔다. 햇살이 환하게 들어오는 나만의 방에서 종일 뒹굴며 처음부터 끝까지 출석을 부르듯 책장에 꽂힌 책들의 제목을 가만가만 불러 볼 수 있기를, 무심코 아무 책이나 들춰 처음 탁 펼쳐지는 부분부터 시작해 끝까지 읽어 볼 수 있기를, 그러다 중간에 졸리기라도 하면 살며시 얼굴을 덮고 급한 거 하나 없는 사람처럼 쿨쿨 잠들어 보기를.

나만의 방이 생기자마자 하고 싶었던 목록을 하나씩 지워 가며 하루하루 신이 났다. 얼마나 소소하고 소박한 바람이었던지 고작 일주일이 채 걸리지 않았다. 초록색 책꽂이와 노트북만 놓인 책상은 더없이 정갈하고, 물결무늬 흰 망사 커튼과 황금빛 자작나무 그림은 언제나 새봄인 듯했다. 책장의 책들은 나와 다정하게 눈을 맞추고, 꽃망울을 달고 벙실거리는 국화 화분은 진한 향기를 토해 냈다. 공기조차 내 허락을 받고 드나드는 느낌이었다. 이보다 더 완벽하고 행복한 풍경이 있을까.

가족 중 누군가 들어오기 전 똑똑 경쾌한 노크 소리는 또 얼마나 사람을 기분 좋게 하는지, 마치 달콤한 향기 주머니가

톡, 톡 툭 소리를 내며 터지는 듯했다. 내 방을 갖기 전에는 눈곱만큼도 알지 못했던 것들이다. 예의를 갖춰 제대로 존중받고 귀하게 대접받는 느낌이랄까. 시간이 갈수록 생활의 냄새는 말끔히 차단되고 대신 책이 품어 내는 은은한 향기와 무한한 자유만이 차고 넘쳤다. 엄마와 아내와 주부라는 역할들은 문밖에서 탁탁 먼지를 털 듯 떨어냈다. 마침내 나만의 방은 언제든 스며들어 고요하게 갇히고픈 공간, 누워만 있어도 내 안과 밖이 순하고 착해지는 그런 내밀한 공간이 되어 버렸다.

작가 버지니아울프는 『자기만의 방』이라는 책을 통해 여성이 정신적인 자유를 확보하기 위해서는 반드시 자기만의 방이 있어야 한다고 했다. 그녀는 모든 구속에서 벗어나 내가 나로서 온전히 자유로울 수 있는 곳이 바로 자기만의 방이라고, 그러니 투쟁하고 싸워서라도 꼭 쟁취해야 한다고 말이다. 그것도 정확히 지금으로부터 93년이나 전에. 이제야 겨우 서너 평 남짓한 나만의 방을 마련하고 행복에 겨워하는 나를, 만약에 버지니아 울프가 본다면 뭐라고 할까. 그동안 대체 뭘 하고 살았냐며 한심하기 짝이 없다고 크게 호통을 칠지도 모를 일이다.

나만의 방은 때로 시간을 거슬러 그때 그 시절로 돌아가 그때의 나를 만나기에 딱 맞춤한 공간이기도 하다. 며칠 전에는 손 가는 대로 시집 한 권을 꺼내 들었더니 오래된 엽서 한 장이 툭 떨어졌다. 자세히 보니 지금은 연락이 끊긴 고등학교 때 친한 친구가 삼십 년 전에 시집을 선물하며 끼워 보낸 것이었다. 이십 때의 고만고만한 고민이 잔뜩 쓰여 있었다. 나는 잠시 그 싱싱하고 푸르렀던 시절로 돌아가 그 친구와의 추억을 떠올렸다. 휴일에 그 친구네 집에 놀러 가면 친구의 어머니는 항상 짜장밥을 해 주셨다. 따끈따끈한 검은 짜장이 하얀 밥 위에 얌전하게 올려져 있었고 신기할 정도로 맛있었다. 부드럽고 순하게 배가 부르고 저절로 마음이 탁 풀어지는 그런 맛이었다. 지금도 그 친구를 생각하면 짜장밥이 먼저 떠올라 입안에 침이 고인다.

 아무 책이나 꺼내 들어도 기다렸다는 듯이 스르륵 추억이 펼쳐진다. 맨 앞장에 한껏 멋을 부려 비스듬히 휘갈겨 쓴 메모는 또 어떤가. '마음이 아파 발목이 더 아픈 날' 같은 메모를 보면, 한동안 발목을 다쳐 목발을 짚고 출근했던 울고 싶었던 시절이, '누구나 혼자이지 않은 사람은 없다.'라는 기운 없는 글씨에는 외롭고 힘들었던 사회 초년생이었던 모습이 떠올랐다. 한 권의 책을 오래오래 들여다보며 나를 통과한 지난 시간 속으로 떠나 보는 것, 그 안에서 다친 마음을 살피고 돌보는 것, 그리하여 마침내 '그래그래, 그때 참 애썼어.'라고 진심으로 나를 위로하며 토닥이는 것, 이것이야말로 나만의 방을 갖지 못했다면 알 수도 없고 할 수도 없고 그래서 괜찮아질 수도 없는 일이었음을 비로소 알게 되었다.

얼마 전, 직장을 퇴직한 나는 집에서 보내는 시간이 많아졌다. 편안하고 아늑한 나만의 방이 있고부터는 종일 그곳에서 읽고 쓰고 뒹굴며 헐렁하게 보낸다. 멍하니 누워 천장의 무늬를 세어 보기도 하고, 이 책 저 책 뒤적이기도 하고, 종일 영화를 몇 편씩 보다가 엎드려 잠들기도 한다. 그저 서성거려도 좋고 앉아도 좋고 누워도 좋다. 뭘 해도 하지 않아도 기분이 근사해진다. 나는 앞으로도 이곳에서 느긋하고 평화롭게 나만의 시간을 누릴 것이다. 이 공간에서만은 일상의 자잘한 구속을 과감하게 끊어 버릴 작정이다. 오롯이 나 자신이 되어 나를 기쁘게 하고 즐겁게 하는 일에 시간을 아끼지 않을 것이다. 그러고도 시간이 남는다면 침묵을 배워 볼 생각이다. 실로 어마어마한 이야기를 품은 채 침묵하고 있는 책들을 물끄러미 바라보면서.

이제 나는 안다. 자기만의 방을 가진 사람과 그렇지 않은 사람의 삶이 결코 같을 수 없으리란 것을. 온전한 나 자신을 찬찬히 대면할 수 있는 자유롭고 독립적인 공간을 가져 본 사람과 그렇지 않은 사람이 어찌 같을 수 있겠는가. 나의 삶 또한 이제는 나만의 방을 가지기 이전과 그 이후로 자연스레 나뉠 것이다. 그것도 아주 선명하게 다른 빛깔 다른 질감으로.

피아노와 나

 그럼 그렇지. 어김없다 오늘도. 위층의 피아노 소리에 늦잠을 포기하고 벌떡 일어난다. 아이고. 얼마나 피아노를 좋아하고 사랑하면 저렇게 열심히 칠까. 한숨 섞인 감탄이 저절로 새어 나온다. 내가 사는 아파트 위층에는 두 딸과 젊은 부부가 산다. 인사를 나누는 사이는 아니지만 마주치면 아, 위층 사람들이구나. 하고 알아보는 정도다. 피아노를 누가 치는지는 모르겠지만, 가족 모두 돌아가며 치는 듯도 하다. 공짜로 듣기 아까울 정도로 잘 칠 때도 있고, 서툴고 초보 같을 때도 있으니 말이다. 틀린 곳에서 자꾸 틀려 탁탁 막히면 나도 모르게 일이 다 손에 안 잡힌다. 단지 아래층이라는 이유로 하루 두 시간 정도는, 원하든 원하지 않든 꼬박 감상해야 한다. 아주 어쩌다 피아노 소리가 들려오지 않으면 오늘은 어딜 갔나, 혹시 무슨 일 있나 하고 만사 제치고 뛰어 올라가 보고 싶은 심정이니 팬도 이런 열성 팬이 없다. 오늘은 쉽고 경쾌한 동요다. 피아노 소리에 맞춰 흥얼흥얼 따라 부르다 보니, 나도 한때는 저런 동요를 쳤는데 하는 오래전 추억이 슬그머니 떠오른다.

피아노 한 번 만져 보지 못하고 자란 어린 시절. 나는 새침하게 앉아 희고 긴 손가락으로 물결치듯 부드럽게 피아노를 치는 또래 아이들이 선망의 대상이었다. 이는 언제고 돈을 벌면 제일 먼저 피아노를 배우고 말겠다는 결심으로 이어졌고 이십 대 초반, 첫 월급을 받자마자 피아노 학원으로 달려가게 했다. 늦었지만 마침내 결핍이 채워지고 꿈을 이룬 듯 뿌듯하고 기뻤다. 피아노가 없는 내게 선생님은 종이에 피아노 건반을 그려서 연습하라고 하셨다. 나는 커다란 종이에 건반을 그려 열심히 쳤는데 소리가 나질 않으니 감이 잡히지 않았다. 하루는 직장 자투리 시간에 건반을 그려 이리저리 손가락을 움직이는 나를 직장 동료가 본 모양이었다. 뭐 하는 거냐고, 어쩜 그 나이에 종이 피아노를 다 치느냐며 박장대소를 하는 게 아닌가. 순간 얼마나 부끄럽고 창피하던지, 앞뒤 잴 것도 없이 며칠 후 나는 중고 피아노를 덜컥 사 버렸다.

좁은 방에 피아노가 반을 차지했지만, 전혀 불편하지 않았다. 처음엔 신이 나 한껏 멋을 부리며 손가락에 쥐가 나도록 연습에 열을 올렸다. 하지만 급하게 달궈진 열정은 쉽게 식기 마련인지, 얼마 못 가 이런저런 이유로 점점 시들해지더니 석 달 만에 학원을 그만두고 말았다. 진심으로 피아노가 배우고 싶었다기보다는 어릴 적 선망의 대상을 쫓아 허영심에 사로잡혀 시작한 셈이니, 어쩌면 당연한 결말인지도 모른다. 거액의 피아노 할부금이 오랫동안 발목을 잡았지만, 후회는 없었다. 그래도 동요 몇 곡 칠 수 있는 게 어디인가. 게다가 피아노를 처음 배우던 그 벅찬 떨림이나, 아무 때고 만질 때마다 환하게 번져 오던 그 행복감도 거저 얻어지는 건 아닐 테니까.

무슨 경험이든 할 수만 있다면 나는 망설이지 않고 무조건 하려고 한다. 어떤 의도나 이유라도 상관없다. 오랫동안 지속하고 아니고도 문제가 되지 않는다. 그저 마음이 이끄는 대로 나를 맡기고 따라가 볼 작정이다. 경험만이 풍성한 삶을 만든다는 말이나 헛된 경험은 없다는 말이 결코 괜한 말이 아님을 안다.

며칠 전, TV에서 피아노를 배우는 칠십 대 할머니를 본 적이 있다. 갖은 고생을 하며 어렵게 사 준 딸의 피아노가 더는 필요 없게 돼 중고로 팔려고 했더니, 너무나 헐값이라서 도저히 팔 수가 없었다고 한다. 그 값에 넘기느니 차라리 직접 쳐 보자 마음먹고 배우게 됐는데, 웬걸 막상 시작하고 보니 너무 재미있고 즐거워, 나이조차 잊고 피아노에 푹 빠져 산다는 보기 드문 이야기였다. 나도 계속 피아노를 배웠으면 어땠을까, 하는 아쉬움이 스치면서 투박하게 움직이는 할머니 손 위로 예전의 내 모습이 겹쳐졌다. 이십 대에도 이미 피아노 배우기엔 늦은 나이라고 한 수 접었었는데, 그저 귀찮아 나이를 핑계로 일찌감치 포기하고 싶었던 건 아닌가 싶다.

 혹시 모르겠다, 피아노가 또다시 내 마음을 두드리는 날이 찾아올지. 만약 그런 날이 온다면 주저 없이 맘껏 다시 배워 보리라. 어찌 됐든 한 번도 아니고 두 번이나 내 마음을 찾아온 피아노라면 보통 인연은 아닐 터, 무슨 일이 있어도 이번에는 꼭 잡고 놓지 않으리라. 나이 따윈 개나 물어 가라 던져 버리고. 어쩌면 위층의 피아노 소리가, 어느 날 어느 순간 운명처럼 내 마음을 두드리게 될지도 모르는 일, 아무튼 날마다 좋은 마음으로 두 귀를 활짝 열어 놓고 볼 일이다.

나보다 우리 함께

 며칠째 계속되던 장맛비가 멈추고 잔뜩 흐린 날씨다. 아침엔 아주 잠깐이지만 햇볕도 얼굴을 비쳤다. 얼마 만인지 반가움에 저절로 내 얼굴이 활짝 펴진다. 지루하게 긴 장마로 모든 게 습하고 눅눅하다. 맨발이 닿는 방바닥에도 자국이 나는듯해 자꾸 돌아본다. 몸도 물기를 한껏 머금은 듯 천근만근이다. 한동안 무더위가 지속될 때는 차라리 장마가 낫겠다 싶었는데, 이제는 그래도 무더위가 더 낫겠다 싶다. 늘 이랬다, 저랬다 변덕이다.

 매미가 다시 힘차게 기를 쓰고 운다. 올해는 유난히 장마가 길고 비도 많이 내렸다. 내가 사는 지역의 가장 좋은 점은 자연재해로부터 안전하다는 점이었는데 이제는 옛날 말이다. 이번 장마로 급류에 휩쓸려 사망자가 생기고, 현장 점검 나갔던 젊은 소방 공무원이 실종되기도 했다. 점점 짧은 시간에 집중 호우를 쏟아붓고, 긴 장마로 지반이 약해져 큰 재해로 이어진다. 이제 더는 자연재해에 안전한 곳은 없는 듯하다.

잇따른 재해를 보면서 역시 안전만큼 중요한 가치는 없다는 생각이 든다. 안전이 없으면 삶도 없을 테니까. 특히 산 밑 허술한 시골집에 홀로 사시던 할머니가 배수로를 터놓기 위해 집을 나섰다가 산사태에 휩쓸려 실종되고, 마침 시골집을 찾은 딸과 사위가 할머니를 구하려고 뛰어들었다 모두 실종되었다는 소식은 며칠째 너무 가슴 아픈 안타까운 소식으로 남아 있다.

재해에는 결코 예외가 없다. 내가 지금 피해가 없다고 언제까지나 안전할 수는 없다. 가까이 사는 이웃이 실종되고 어제까지 멀쩡하던 저수지가 없어지고 축사가 무너졌다는 소식은 더 이상 남의 이야기일 수 없다. 언젠가 아니 오늘이라도 당장 나의 이야기일 수도 있다는 위기감이 무겁게 가슴을 누른다.

솔직히 그동안 나는 나와 내 가족, 내 것만 챙기고 지키려고 애쓰며 살아왔다. 뉴스가 전하는 갑작스러운 재해로 인한 사람들의 고통과 아픔에 진심으로 공감하지 못했고, 관심도 덜 했던 게 사실이다. 말 그대로 남의 이야기로 놀라고 애석해하다가 금방 잊어버렸다. 그래도 되는 줄 알았다. 나와는 당장 상관없는 일이니까. 나에게는 절대 일어나지 않을 일이니까.

조용히 나의 이기심과 무심함을 아프게 반성한다. 더 이상 멀리 있는 남이 아닌 가까운 내 이웃의 일이 되고 나서야 나의 일이 될 수도 있는, 우리의 일이었음을 알게 된 나의 어리석음을 진심으로 반성한다.

자연재해 앞에 우리는 모두 연결되어 있다. 혼자만 노력한다고 예외일 수도 없고 피해 갈 수도 없다. 이제는 주변과 이웃으로 그리고 사회로 시선을 돌리고 함께하는 삶에 대해서 진지하게 고민해 봐야겠다. 모두가 함께 안전하게 잘 사는 세상을 위해서 지금 나의 자리에서 내가 할 수 있는 일은 분명 있을 것이다. 지금이야말로 '나만'에서 과감하게 벗어나 '우리 함께'로 시선을 돌리고 행동을 확장해 나갈 적기라고 생각한다.

제4부

단순하고 가볍게 | 일상 속으로

사과나무 가로수에게 무한한 사랑을

 도시로 들어서는 길목의 사과나무가 풍요로운 가을을 알린다. 빨갛게 익은 사과가 주렁주렁 가지를 늘어뜨리며 활짝 웃는 얼굴로 반갑게 인사를 건넨다. 자동차 매연에도 불구하고 매끈하고 빛깔이 곱다. 바라보는 마음조차 풍성하고 넉넉해진다. 지나는 사람이면 누구나 가까이 다가가 따고 싶은 마음에 손이 근질거린다. 웬만큼 무딘 사람이 아니라면 아름다운 사과나무 가로수 풍경에 와 하고 감탄하지 않을 수도 없고, 쉽게 잊을 수도 없을 것이다. 인근 도시의 감이나 대추나무 가로수도 나름 눈길을 끌지만, 내게 사과나무 가로수만큼 각별한 감동을 주는 가로수는 아직 본 적이 없다.

 나는 사과 과수원집 며느리다. 어릴 적 농사일 돕기에 신물이 난 나는 절대 농사짓는 집으로는 시집가지 않겠다고, 다짐하고 또 다짐했건만 결국 과수원집으로 시집을 가고 말았다.

고추나 마늘, 콩 같은 것을 길러내는 것만 농사인 줄 안 내가 어리석었다. 사과 과수원도 엄연한 농사였는데 그때 난 전혀 몰랐다. 돈을 주고 사 먹던 사과를 공짜로 실컷 먹을 수 있다는 사실이 마냥 좋고 설레었다. 그냥 때 되면 사과가 나무에 달리고, 햇살에 바람에 저 혼자 때깔 나고 단물 생기며, 큼직한 사과로 크는 줄만 알았다. 돌보지 않아도 기특하게 알아서 자란 탐스러운 사과를, 과수원집 며느리는 그저 똑 따 입에 넣기만 하면 되는 줄 알았다. 하지만 환상은 그리 오래가지 않았다. 나는 사과 하나가 내 입으로 들어오기까지 얼마나 많은 시간과 손길과 정성이 필요한지 곧 알게 되었고, 내게 사과는 더 이상 귤과 복숭아 같은 단순한 과일이 될 수 없었다.

사과 농사는 신나는 어린이날을 빼앗아가 밉기만 하던 고추 농사보다도 더 손이 많이 가고 힘들었다. 사과 농사를 지으면서 일 년 중 사과를 생각하지 않아도 되는 때란 없었다. 겨울에는 사과나무에 거름을 주고 힘없고 병든 가지를 잘라낸다. 봄이 되어 하얀 사과꽃이 미소처럼 피어오르면 예쁜 꽃에 감탄할 틈도 없이 빼곡한 꽃을 솎아 내야 한다. 그냥 두면 열매가 작아질 수밖에 없어 미리 따내는 것이다. 열매를 맺은 후 솎아 내기는 더 어렵기에 꽃 단계에서 어느 정도 해 줘야만 하는 작업이기도 하다. 조금 시간이 흐르면 꽃이 있던 자리에 올망졸망 동그란 사과 열매가 달린다. 꽃을 볼 때와는 다르게 큰 기쁨이다. 하지만 마음을 다잡아야 할 때가 바로 이때다. 열매들끼리 적당한 거리가 필요하기에 촘촘하게 달린 열매를 미련 없이 또 솎아 내야만 한다. 이럴 때 욕심을 버리는 것이 관건이다. 욕심을 버리지 못하면 크게 잘 자란 사과를 얻을 수 없다. 사실 처음엔 세상에 갓 나온 여린 꽃이나, 나를 바라보는 눈망울 같은 작은 열매를 따 버린다는 것이 잔인하게 느껴져 내키지 않았다. 겨우내 꽁꽁 얼어붙은 땅속에서 하나라도 더 꽃 피우고 열매 맺기 위해 사과나무가 얼마나 안간힘을 썼겠는가. 하지만 솎아 내지 않으면 제대로 된 사과도 얻지 못할뿐더러, 나무도 점점 무게를 지탱하지 못해 가지가 부러지고 만다는 사실을 얼마 안 가 알게 되었다. 결국, 사과나무를 위해서도 욕심을 버리고 적당히 솎아 내야만 했다. 사과 농사는 크게 욕심을 부려도 안 되고, 섣부른 감상에 젖어서는 더더욱 안 된다는 걸 터득하며, 과수원집 며느리의 솎아 내는 손놀림은 조금씩 빨라졌다.

 열매까지 솎아 낸 후에도 할 일은 많다. 햇살을 골고루 잘 받아 예쁜 빛깔을 내라고 사과에 동그란 봉지를 씌운다. 바닥에는 햇살이 알맞게 반사되도록 은박지를 길게 카펫처럼 깐다. 그러곤 시도 때도 없이 달콤한 향기에 몰려드는 새 떼를

막기 위해 무서운 허수아비도 군데군데 세워 둔다. 어느덧 사과가 어른 주먹 크기만 하게 커지면 바구니를 칼처럼 옆구리에 차고 높은 사다리에 올라 사과를 딴다. 처음엔 다리가 후들거리고 바구니가 한쪽으로 쏠려 균형을 잃기 쉬우므로 정신을 바싹 차려야 한다. 사과를 따고 나면 예리한 가위로 꼭지를 하나하나 짧게 잘라낸다. 포장했을 때 꼭지가 길면 다른 사과에 상처를 낼 염려가 있기 때문이다. 꼭지까지 자르면 이제 포장 단계로 넘어간다. 저울에 조심스레 올려놓고 비슷한 무게끼리 모은 후 하얀 고깔 모양의 스펀지를 겉옷처럼 예쁘게 입혀 상자에 담는다. 이제 서울로 팔러 나가는 일만 남았다. 제일 늦게 수확하는 사과의 경우, 이쯤 되면 벌써 찬 바람이 불고 서리가 내리는 겨울이 코앞에 다가와 있을 때다. 자식을 키우듯 애지중지 오직 사과 하나만 바라보며 보낸 일 년이다.

긴 여정 끝에 사과는 당당하게 마트에 진열되지만, 흠집 났다고 트집 잡고, 왜 이리 비싸냐고 투정 부리는 거친 소리를 종종 참아 내야만 한다. 나는 사과하나가 마트에 오기까지 얼마나 힘들고 고된 시간이 있었는지, 농부의 지문이 얼마나 겹겹이 묻어 있는지 너무도 잘 알기에 이런 소리를 들을 때면 무척 속이 상한다. 직접 키워 보지 않고는 알 수 없는 그 긴

긴 여정에 대해 큰소리로 외치고 싶은 야속한 심정이 된다. 나는 과수원집 며느리가 되고 난 후 나도 모르게 모든 농산물이 그저 애틋하고 소중하게만 느껴진다. 흙이 묻어 있는 고구마나 감자를 볼 때면, 심어서 캐기까지의 과정이 한눈에 그려지며 어딘가에서 귀한 자식처럼 길러 냈을 분들의 흙 묻은 손이 먼저 떠오른다. 농산물은 절대로 값을 깎거나 덤을 달라고 조르지 않는다. 무조건 크고 매끄럽고 빛깔 좋은 것들만 선호하지도 않는다. 사과만 해도 흠 있고 볼품없는 것에 더 손길이 가고 마음이 간다. 과수원 한쪽 구석에 떨어져 썩고 있는 사과조차도 각별한 애정이 간다. 잘난 사과가 모두 서울로 팔려 나갈 때 병들고 볼품없는 사과는 땅에 떨어져 향기로운 거름이 되고, 다음 해 사과 농사에 중요한 영양분이 된다는 사실을 잘 알기 때문이다. 어느 하나 소중하지 않은 사과가 없는 이유이기도 하다. 이렇게 나는 서서히 단물 많고 향 좋은 사과처럼, 다정하고 속 깊은 과수원집 며느리로 익어 가고 있다.

가로수 길의 사과는 그리 크진 않지만, 충분하게 탐스럽다. 휘어진 가지가 힘겨워 보일 정도로 빼곡하게 달려 한없이 풍성하다. 조금 있으면 사과 수확 시기가 온다. 아마 구석구석 소외되고 어려운 이웃들과 나누고, 홍보를 위해 여기저기 보내질 것이다. 그러면 비로소 사과나무 가로수의 일 년 농사가 훈훈하게 마무리되는 셈이다. 모든 농사가 그렇지만 사과 농사야말로 결코, 녹록지 않다는 걸 잘 알기에 잘 키워 내느라 애쓴 손길이 더없이 고맙다. 똑똑하게 잘 커 준 사과도 기특하고 대견하다. 무거워 그만 놓고 싶었을 가지를 끝끝내 잡고 서 있는 사과나무도 힘껏 안아 주고 싶다. 오래 보고 있으면 내 안에도 풍성한 사과나무가 자라듯 마음이 넉넉해져 모든 게 감사하고 고마운 마음이 된다. 사과는 지나가는 차들이 뿜어내는 매연과 소음 속에서도 고운 빛깔로 한껏 멋진 포즈를 취한다. 당당한 자부심으로, 힘껏 가지를 추스르며 꼿꼿이 어깨를 펴는 사과 나무에게 과수원집 며느리의 무한한 사랑을 보낸다.

제4부 단순하고 가볍게 일상 속으로

도자기 공예를 시작하다

얼마 전부터 도자기 공예를 시작했다. 손으로 무엇을 만든다는 것은 어떤 기분일까. 그동안 내 손으로 뭐든 만들어 본 적이 없기에 오랜 시간 정성 들여 무엇이든 내 손으로 한번 만들어 보고 싶었다. 예쁜 꽃을 수놓은 손수건이나 보드라운 털실로 짠 장갑, 흙으로 빚은 접시처럼 세상에 단 하나밖에 없는, 내가 직접 만든 것들을 가지고 싶었다. 내가 직접 만든 옷을 입은 기분은 어떨까. 내가 직접 구두를 만들어 신을 수 있다면 얼마나 멋질까. 좋아하는 색과 디자인으로 직접 자르고 꿰맨 구두는 얼마나 값지고 소중할까. 언제나 내 손으로 직접 만든 물건을 소유하고 싶다는 욕망을 간직하던 차에 좋은 기회가 있어 참여하게 된 것이다.

일주일에 두 번, 한 번에 두 시간씩이다. 예전에 기차역으로 활용하던 공간이 나도 모르는 사이 작가들의 창작 활동을 지원하는 문화 공간으로 바뀌어 있었고, '문화역'이라는 예쁜 이름을 내걸고 있었다. 한적하고 아담한 분위기였다. 함께 배우는 분들은 이십 명쯤, 모두 나이 지긋한 여성분들이다. 일 년 넘게 하신 분들도 있었고 나처럼 처음 시작하는 분들도 있었다. 네 개의 커다란 테이블엔 자연스럽게 수준별로 모였다. 오래된 분들은 알아서 척척 하신다. 색도 칠하고 다양하고 신기한 모양을 잘도 만든다. 선생님은 작은 체형에 얼굴 가득 생기가 넘쳤으며, 웃음소리 또한 크고 호탕한 여성분이다. 언제나 밝은 미소와 사투리 섞인 높은 억양으로 작업실 곳곳을 누빈다. 크게 웃을 때면 고른 치열이 환하게 빛나 마치 화사하게 퍼지는 봄 햇살 같았다. 손놀림은 또 얼마나 빠르고 예리한지. 정밀한 작업을 할 때면 안경을 휙 벗고 가늘게 뜬 눈으로 진지하게 집중하는 모습이 영락없는 장인이었다. 화사하게 웃을 때와는 완전 다른 사람처럼 보였다. 갈 때마다 선생님의 카리스마 넘치는 매력과 다정함에 절로 신이 났다.

뭐든지 시작할 때면 넘치게 설레고 흥분하며 좋아하는 게 나다. 시작의 느낌을 유난히 좋아한다. 처음엔 온갖 좋은 점을 모두 찾는다. 내가 시작하길 잘했다고 증명이라도 해 보이려는 듯 세세한 것조차 좋다고, 너무 좋다고 호들갑을 떤다. 왜 이제야 시작했나를 억울해하며 비로소 나에게 맞는 것을 찾은 듯 과장한다. 하지만 얼마 못 가 스멀스멀 권태와 지루함이 찾아오고, 서서히 배우러 가는 게 귀찮아진다. 이쯤 되면 온갖 그만둘 핑곗거리를 열심히 찾는다. 시작할 때 나를 흥분시키던 그 많던 좋은 점은 반드시 그만둬야 할 이유로 한순간에 바뀐다. 그러면 미련 없이 그만두고 또 다른 걸 기웃거린다. 그동안 내 취미 생활의 시작과 끝의 패턴은 어김없이 이렇게 진행됐다.

그런데 이번 도자기 공예는 오래오래 할 것 같은 기분 좋은 예감이 든다. 우선 손을 많이 움직여서 좋다. 그동안 가만히 앉아 머리만 굴리는 직장 생활을 해 온 나에게 손을 많이 쓰는 작업은 신선하고 새로웠다. 흙을 만지는 감촉은 또 얼마나 말랑거리면서 부드러운지. 마치 아기 피부처럼 매끈거렸다. 내 손위에서 여러 가지 모양이 만들어지는 것도 생각보다 재미있었다. 꾹꾹 찔러 구멍도 내 보고 살살 어루만져 꽃잎도 만들어 봤다. 손가락을 살짝 대보니 지문이 선명하게 찍혔다. 사람의 마음도 이렇게 선명한 자국으로 볼 수 있다면 어떨까 하는 생각이 문득 들었다. 양손으로 번갈아 만지작거리다가 돌연 탕탕 소리 나게 바닥에 패대기를 치며 뒤집기도 하고, 손바닥의 두터운 곳으로 꾹꾹 눌러 만두피처럼 펼치기도 한다. 종일 놀이터에서 흙장난을 하며 시간 가는 줄 모르고 노는 어린아이가 된 기분이다.

　오직 내가 만드는 도자기에만 집중하게 된다. 다른 사람 그릇과 비교하며 부러워하거나 부끄러워하지 않는다. 오래 만질수록 더 예쁜 그릇이 된다고, 예쁜 아이처럼 귀하게 오래오래 만져 주고 쓰다듬어 주라고 첫날 선생님이 말씀하셨다. 도자기는 흙으로 빚지만, 그 안에 정성과 마음이 듬뿍 있어야 깨지지 않는 단단한 그릇이 될 수 있다고. 나의 경우 정성만 치자면 오십 년 장인도 놀랄 정도다. 말 한마디도 안 하고 한 시간 넘게 하나에만 오롯이 집중해 본 적이 그동안 얼마나 있었던가. 완성된 매끈한 그릇을 보면 행복한 성취감이 그릇 가득 넘친다. 그리고 그릇 뒷면에 내 이름과 날짜를 새기는 기분이라니, 그토록 간절히 원했던, 세상에 단 하나밖에 없는 내 손으로 만든 나만의 그릇이 생긴 것이다. 얼른 구워서 나온 모습을 보고 싶지만 굽는 건 더 기다려야 한단다. 굽기 전 완성품만으로도 충만함은 이루 말할 수 없이 넘친다.

　아직 몇 개 만들진 않았지만 내가 만든 도자기에 내가 고스란히 드러나는 듯했다. 같은 흙으로 같은 설명을 듣고 같은 그릇을 만들어도 같은 모양은 하나도 없다. 신규 반 다섯 명의 모양이 모두 제각각이다. 선생님 눈에는 잘하고 못하고가 보일 테지만, 내 눈에는 그저 신기할 뿐이다. 위에서 넓게 벌어진 모양도 있고 안으로 오그라드는 모양도 있다. 손놀림에 따라 다르고 힘의 강약에 따라 다르다. 만든 사람의 성격도 반영된다. 차분하게 천천히 만든 그릇과 서두르며 급하게 만든 그릇이 같을 수 없고, 정성을 쏟는 사람의 그릇과 대충하고 만 사람의 그릇이 다른 건 당연할 테다. 대충 급하게 만들면 겉은 흙으로 덮여 반질거려도 구울 때 금이 가고 쉽게 깨어져 그릇으로 쓸 수 없단다. 손으로 만드는 그릇엔 정직하게 그 사람이 고스란히 담기기 마련이란다.

"사람은 도자기를 만들고 도자기는 사람을 만든다."라는 말이 있다. 나는 어떤 도자기를 만들고 싶은가. 최소한 겉은 멀쩡한데 속은 금가기 쉬운, 제 역할 못 하는 도자기는 만들지 말아야겠다. 도자기 뒷면에 새긴 나의 이름 석 자가 부끄럽지 않도록, 그릇 가득 담겨 있는 나의 손길과 정성에 당당할 수 있도록 더 깊이 더 오래 집중하고 싶다. 도자기를 만들면서 비로소 벅차게 알아 가고 있다. 내 손으로 뭔가 만든다는 게 얼마나 충만한 기쁨을 주는 일이고, 얼마나 나를 믿고 신뢰하며 자신감을 키우는 일인지를.

도자기를 만들며 집중하는 시간은 나의 내면을 들여다보고 살피며 어루만지는 시간이 되기도 한다. 귀한 것을 만지듯 정성 들여 오래 만지고 쓰다듬고 어루만지다 보면 매끈하고 멋진 도자기가 될 뿐만 아니라, 거칠고 울퉁불퉁한 나의 내면 또한 부드럽고 순하게 둥글어지는 느낌이다. 내게 도자기 공예 시간은 손으로는 도자기를 만들고 마음으로는 나를 만드는 시간이랄까. 앞으로의 시간이 무척 설레고 기대된다. 부디 이 신선하고 벅찬 감정이 단단하게 잘 만들어진 도자기처럼 오래오래 변함없이 내 안에 자리하길 바라본다.

그렇구나, 그래야 하는구나

 뜻밖에 활짝 핀 수국꽃 화분이 생겼다. 책상에서 잘 보이는 베란다에 두었더니 수시로 눈길이 그리로 간다. 보드라운 아기 피부 같은 꽃잎이 빼곡하게 겹쳐 크고 탐스러운 꽃송이를 이룬다. 우와~ 눈이 커지고 감탄이 저절로 나온다. 노란색 개나리도 선명하고 좋지만, 연한 분홍색 수국은 누군가 망설임 끝에 보낸 수줍은 편지 같은 느낌을 준다. 분홍색 수국의 꽃말은 '소녀의 꿈'이란다. 꽃말은 누가 짓는 건지, 소녀도 꿈도 그리고 소녀의 꿈도 색이 있다면 분홍색일 것만 같다.

 나는 화초를 잘 기르지 못한다. 뭔가를 돌보고 보살피는 것에는 영 서툴다. 그동안 여러 번 시도해 봤으나 '역시 난 안 돼'만 한 번 더 아프게 확인하곤 했다. 매번 관심을 가지고 시간과 노력을 기울여 보지만 헛수고다. 화초를 반질반질 잘 키워 베란다를 정원처럼 꾸민 집에 가면 무조건 집주인에게 호감이 간다. 분명 나보다는 다정하고 섬세한 사람일 테니까.

며칠 전 '28일 동안'이라는 영화를 봤다. 내가 좋아하는 산드라 블록이 단발머리로 예쁘게 나온다. 나는 이 영화에서 내가 화초를 잘 기르지 못하는 이유를 어렴풋이 알게 되었다. 영화의 내용은 알코올 중독자로 방탕한 삶을 살던 주인공이 사고를 쳐 강제로 28일 동안 알코올 중독 치료 센터에 입소하게 되고, 거기 있는 사람들과 티격태격 생활하면서 서서히 자신과 다른 사람들에 대하여 마음을 열고 변해 가는 모습을 그리고 있다. 뻔하고 당연하게 해피 엔딩이 예상되었는데 정말 해피 엔딩으로 마무리되어 좋았고, 뭔가 나 자신이 주인공을 따라 더 좋은 모습으로 달라진 듯 기분이 좋아지는 영화였다.

중간쯤에 이런 대목이 있다. 치료 센터에서 같이 치료받던 한 사람이 퇴소 전 "언제부터 데이트를 할 수 있느냐?"고 질문을 한다. 그 사람은 성 중독자로 남자다. 치료사는 이렇게 대답한다. "집에 가면 일단 화초를 사세요. 그러다가 일 년쯤 지나면 애완동물을 길러요. 2년 동안 화초랑 애완동물이 잘 자라면 그때 사람을 만나 사귀어도 돼요." 그렇구나, 그래야 하는구나. 하는 생각이 들었다.

영화는 한참 시간이 지난 후, 한 꽃집에서 주인에게 죽은 화초를 교환해 달라는 그 남자가 나온다. 이미 죽은 화초는 교환이 안 된다는 주인에게 "내가 죽인 게 아니라고, 너무나 아껴 대화도 나누고 이야기도 들려주고 심지어 그림까지 그려 주었다."라고 그 남자는 말한다. 하지만 주인의 "물은요?" 이 한마디에 아무 말도 못 하고 힘없이 돌아선다. 도대체 언제 데이트를 할 수 있느냐고 투덜대면서. 세상에, 자기가 좋아하는 것만 잔뜩 해 주면서 정작 화초가 원하는 물은 주지 않았던 모양이다.

나는 다시 한번 그렇구나, 그래야 하는구나. 하고 고개를 끄덕였다. 내가 좋아하는 것을 주고, 해 주고 싶은 대로 해 주며 잘 자라길 바라는 일방적인 나의 방식이 문제였구나. 화초가 원하고 화초가 필요한 게 무엇인지 화초의 마음으로 생각해 보고 돌봐야 하는 것을, 그동안 삐걱대고 버겁기만 했던 나의 인간관계에 대한 해답도 여기에 있지 않을까 하는 깨달음이 문득 찾아왔다. 내게 수국꽃 화분이 찾아오려고 미리 그 영화를 봤는지도 모르겠다. 다행이다.

새봄에 찾아온 새로운 기회다. 우선 꽃 화분을 정성껏 돌봐야겠다. 인간관계의 해답도 곰곰 찾아보면서. 물을 줘야 꽃 화분이 살 수 있듯, 인간관계에서도 물에 해당하는 가장 중요한 게 분명 있을 테니까. 작은 꽃 화분 하나가 어쩌면 내 삶을 더욱 풍성하게, 꽃 피워 줄 수도 있겠다는 야무진 꿈이 꿈틀거린다. 우선 물 조리 먼저 사 와야겠다.

제4부 단순하고 가볍게 일상 속으로

쉰두 번째 생일

아침부터 전화벨이 울린다. 삑삑 문자 알림 소리도 요란하다. 오늘은 내가 일 년 중 가장 많은 전화와 문자 그리고 선물을 받는 내 생일이다. 점심을 먹기 전에 날 낳았다고 하니 오전 열한 시쯤으로 짐작한다. 종일 '아, 이때쯤이면 엄마 배가 살살 아팠겠구나. 아, 지금쯤은 눈앞이 노랗고 보이는 게 없을 때였겠구나.' 하고 아이를 낳아 본 경험을 더듬거리며 나를 낳았을 엄마를 떠올려 본다. 일 년 중 돌아가신 엄마가 유난히 보고 싶고 그리운 날도 바로 오늘이다. 새벽 기차로 출근하는 남편은 뒤늦게 철이 들었는지 여유 있게 생일상을 차린다고 휴가까지 낸 모양이다. 부엌에서 소란스러운 소리가 난 지 한참이 지나서야 남편은 미역국을 끓여 나를 깨웠다. 요즘 잘 나가는 백 선생 레시피를 따라 했다는데 제법 깊은 맛에 간이 맞았다. 반찬은 전날 퇴근하면서 사 온 감자볶음과 어묵무침, 촉촉한 파래와 메추리알 조림이 낯선 손님처럼 얌전히 식탁에 놓여 있었다. 그나마 딸기 생크림 케이크가 우아하게 생일상을 빛냈다. 시어머니까지 어른 세 명이 어정쩡하게 손뼉을 치며 생일 축하 노래를 부르고 촛불을 껐다. 쑥스럽고 겸연쩍었지만 그래도 따스한 정이 묻어났다. 시어머니는 꼬깃꼬깃한 돈 삼만 원을 봉투도 없이 선물로 주셨다. 남편은 밖에서 사 온 반찬이 미안했던지 다음 생일부터는 요리에 도전해 보겠다며 큰소리를 쳤다. 내년에는 내가 좋아하는 잡채를 해 주겠다고 너스레까지 떨면서. 암튼 두고 볼 일이지만 뭉글뭉글 미소가 피어났다. 소박한 생일상이지만 이 순간이 행복임을 안다. 내게 가장 소중한 사람들이고, 나를 가장 소중하게 여기는 사람들이란 걸 잘 알기에. 입 안 가득 미역국의 고소함에 느닷없이 뭉클해져 목 언저리가 뜨거워졌다.

  점심은 미용실을 하는 언니의 휴일이 마침 오늘이라 함께 가까운 곳에 바람을 쐰 후, 호수가 내려다보이는 근사한 한식집으로 갔다. 내게는 엄마와도 같은 큰언니다. 어릴 적 추억과 엄마 이야기가 줄줄이 소환됐다. 일찍 직장 생활을 시작한 언니 덕분에 시골에서도 난 샌들과 부츠를 신을 수 있었다고 뒤늦게 고마움을 털어놓았다. 쉬는 날이면 파마 기구를 시골집으로 가져와 엄마 머리를 손질해 드리면 예뻐진 엄마는 딱히 일도 없이 휘 이익 동네를 한바퀴 돌아오곤 했다는 언니의 이야기엔 까르르 웃음이 터졌다. 동생 생일이라고 맛있는 밥을 사 주고, 눈가를 적시며 엄마와의 추억을 나눌 수 있는 언니가 옆에 있다는 것이 얼마나 큰 축복이며 감사한 일인지 새삼 울컥했다. 지금 이 자리에 엄마가 있다면 얼마나 좋을까 하는 부질없는 바람이 문득 찾아왔다. 마냥 어린애 같던 막내딸이 벌써 쉰두 살이 되어 두 아이의 엄마가 되었다고 하면 엄마의 그 큰 눈이 얼마나 더 커질까. 흐뭇한 표정으로 엄지를 번쩍 치켜드실지도.

저녁은 시골에서 형님과 아주버님이 나오셨다. 매년 내 생일을 빠짐없이 챙기는 두 분이 진심으로 고마웠다. 지난해 구순을 넘긴 시어머니가 좋아하는 명태 조림집으로 향했다. 시어머니는 연실 "됐다. 그만 주라."고 하시면서도 수북하게 쌓인 접시를 순식간에 비우셨다. 시어머니는 맛있게 드실 때를 빼고는 늘 잘 안 보이고 잘 안 들린다며, 도무지 성한 데가 없다고 하소연을 늘어놓으신다. 그 연세에 두 다리로 걸을 수 있고, 맛난 거 실컷 드실 수 있고, 무엇보다 자식들 모두 무탈하게 잘살고 있다면 큰 축복이라고 여기며 감사할 만도 한데 말이다. 구십에 비하면 아직은 한참 어리고 뭘 몰라서 하는 무례한 생각인지는 모르겠지만 솔직히 조금은 안타깝고 야속한 심정이 되곤 한다. 하지만 그만큼 살아 보지 않고는 누구도 그 심정을 제대로 알 수 없을 터, 섣불리 비난하거나 함부로 속단해서는 안 되겠지 하고 내 마음을 다독인다. 시어머니의 삶은 늘 나를 돌아보게 한다. 눈으로 보고 마음으로 쓰는 일기장이랄까. 늘 공부하는 눈으로 지켜보며 어떻게 삶을 마주해야 할까에 대한 고민을 마음에 풀어놓는다. 내가 앞으로 조금이라도 담담하고 겸손하게 나이를 먹는다면 모두 시어머니의 삶이 보여 준 생생한 가르침 덕분일 테니 감사해야 할 일이다.

이십 년 넘게 한 번도 빠짐없이 내 생일을 챙겼던 친구가 있다. 그 친구의 생일은 내 생일 나흘 뒤다. 생일 때면 당연히 만나 밥을 먹고 서로의 선물을 고르며 함께 축하했다. 하지만 이번 생일엔 투병 중이라 나 혼자 응원 메시지를 보내는 것으로, 대신 할 수밖에 없었다. 우리가 함께해 온 생일보다 함께 할 생일이 당연히 더 많을 줄 알았는데 세상에는 당연한 것도, 영원한 것도 없다는 평범한 진리에 호되게 한 방 맞고 말았다. 다시 한번 그 친구와 건강한 모습으로 서로의 생일을 축하하며 함께 웃을 수 있다면, 정말 그런 시간이 다시 올 수만 있다면 하고 간절히 바라보지만, 그럴수록 어쩌지 못하는 슬픔에 발만 동동 구르게 된다. 아무런 예고도 조짐도 없이 질병이 악화일로로 치닫는 친구를 보니 정말 한 치 앞도 알 수 없는 게 인생이라는 말이 뼛속까지 후벼팠다. 오직 내가 할 수 있는 것이라곤 여기, 지금, 이 순간에 온전히 집중하면서 주어진 삶을 잘 살아 내는 것밖에 없다는 깨달음이 서늘하게 가슴을 울렸다. 이것은 어쩌면 친구가 내게 전하는 생일 선물인지도 모르겠다. 지금, 이 순간은 두 번 다시 오지 않는다는 것을, 그리고 언제든 이것이 마지막일 수 있다는 것을 늘 기억하라며 주는 그런 슬픈 당부 같은 것. 생일 케이크에 촛불을 불면서도 나는 마음속으로 빌었다. 이 모든 순간이 마지막처럼 소중하고 귀하다는 걸 매 순간 잊지 않기를.

벌써 자정이 가까워져 쉰두 번째 내 생일이 몇 분 남지 않았다. 오늘 하루 과분한 사랑으로 마음이 몽실몽실 보드랍게 풀어졌다. 하지만 보통의 날들이 하찮거나 시시하지 않듯 생일이라고 엄청나게 특별하지도 대단하지도 않다는 것을 이제는 안다. 생일은 단지, 보통의 날들에는 소리 없이 고요하게 스며드는 사랑을 다소 요란하게 눈으로 귀로 확인하는 날이랄까. 생일이든 아니든 소중하지 않은 날도 없고 한번 지나면 다시오는 날도 없다. 그러기에 모든 날은 새날이고 특별한 날이다. 나를 위한 날이고 내가 만들어 가야만 하는 날이다. 내일도 모레도 그다음 날도 오늘처럼 내가 주인공인 '나의 날'임을 환하게 알아채는 순간, 째깍 소리를 내며 쉰두 번째 생일이 막 지나갔다.

제4부 단순하고 가볍게 일상 속으로

열 내 봐야 소용없다

얼마 전 가족끼리 모였을 때 누군가 해서는 안 되는 정치 이야기를 꺼낸 적이 있다. 평생 공정한 선거 관리를 위해 일해 온 남편은 '부정 선거 의혹'에 관한 대목에서 핏대를 높이며 흥분했고, 가까스로 내가 말리는 바람에 더 큰소리는 막을 수 있었다. 정치 이야기는 정말 가족끼리 해서는 안 된다는 게 진리다. 십중팔구 싸움으로 번진다. 지지하는 정당도 정치적인 성향도 열이면 열 모두 다르다. 가족이라서 더욱 참을 수 없고, 내 의견을 반드시 관철하려는 고집을 세게 부린다. 가족 내 서열로 밀고 나이와 목소리 크기로 누르면서 험악해지는 건 한순간이다.

나는 남편이 평생 공정한 선거 관리를 위한 일을 해 왔기에, 그 공정함에 대해서 의심해 본 적이 단 한 순간도 없다. 부정 선거 의혹에 대한 뉴스는 믿지도 않고 관심조차 두지 않는다. 나는 남편이 누군가 부정 선거 의혹에 대해서 말을 하더라도 조금은 여유 있고 느긋하게 대응했으면 좋겠다. 발끈하면서 그 이야기를 꺼낸 것 자체가 벌써 불쾌하다고 티를 팍팍 내기보다는, 조금은 널찍한 포용력을 보여 주길 바란다. 다양한 의견 중 하나로 존중하며, 그렇게 생각할 수도 물론 있다고 그냥 넘어가 주었으면 좋겠다. 그렇다고 공정 선거가 부정 선거가 되는 건 절대 아니니까.

다만 누군가 궁금한 것에 관해 묻는다면 상세하게 얼마나 공정하고 철저하게 관리하고 있는지, 그런 의혹이 얼마나 있을 수 없는, 말도 안 되는 이야기인지 조목조목 이유를 들어 논리적으로 설명해 주었으면 좋겠다. 물론 그 이야기를 듣고 믿든 안 믿든 그리고 생각을 바꾸든 안 바꾸든 그것은 듣는 사람의 자유 영역임을 분명히 인식하면서.

그냥 자유롭게 하는 이런저런 이야기 모두를 엄격하고 진지하게 받아들여 잘못된 정보를 모두 바로잡고, 이것이 진실이라고 주입하려는 불필요한 욕심은 제발 참았으면 좋겠다. 그런 오지랖과 과욕은 분노를 부르고 싸움으로 이끌 뿐, 전혀 도움이 되지 않는다.

이제 나는 점점 보는 시각도 다르고 사고 구조도 달라진다. 조금은 너그럽고 넓어지는 중이라고나 할까. 예전 같으면 불같이 화를 내고 며칠은 말도 하지 않았을 일도 이제는 '화를 내봤자 무슨 소용이 있겠나.'라는 생각에 그러려니 하고 만다. 잘못이 보이고 틀린 게 눈에 띄어도 시간이 지나면 자연스레 밝혀지고 스스로 깨닫게 되겠지 하고, 시간이라는 해결사에게 바통을 넘긴 채 그냥 지켜본다.

'지적질'이라는 별명이 붙을 정도로, 작은 것도 바로 지적을 하지 않고는 못 배기는 성미였지만, 이도 점점 세월에 깎여 무디고 둥그스름해진다. 세상엔 그리 열 낼 일도 없고, 열 낸다고 달라지는 것도 없다. 오직 내가 열 내서 달라지게 할 수 있는 건, 나 자신뿐임을 이제는 안다. 밖으로 뻗치는 의욕과 지적질을 내 안으로 조용히 방향을 틀 때가 바로 지금이다.

어제와 내일 그리고 오늘

많은 어제와

많은 내일이 있다.

그러나

많은 오늘은 없다.

— 마리오 베네데티, 「오늘」, 류시화 옮김

오늘 아침 눈뜨자마자 내게 다가온 시다. 종일 노래를 흥얼거리듯 입안에서 굴려 본다. 몇 자 안 되는 짧은 시가 많은 말을 건넨다. 나는 날마다 오직 하나뿐인, 결코 복수가 허용되지 않는 유일한 오늘을 제대로 살고 있는가. 어떤 마음으로 살고 있는가.

나는 과연 어제도 아니고 내일도 아닌, 온전히 오늘이라는 길 위를 걷고 있는 것일까. 많은 어제와 많은 내일에 너무 쉽게 하나뿐인 오늘을 뭉텅 내어 주고 있진 않은지. 지난 시간과 다가올 날들에 대하여 유난히 생각이 많은 요즘이라 그런지 고요한 호수에 갑자기 던져진 돌멩이처럼 마음에 파장이 인다.

아직 한창 일하고 활동적인 나이임에도 불구하고 나는 과감히 직장을 그만두고 노는 것을 선택했다. 단순히 집에서 쉬는 것이 아니라 재미있게 노는 삶 말이다. 많은 사람이 우려하고 걱정하는 시선으로 말렸지만, 한 번뿐인 삶에서 그만하면 직장 생활은 충분하다고 여겼다. 그러고는 날마다 놀고 있다. 매일 매일 재미있고 신날 수는 없다. 좋은 날은 즐기고, 좋지 않은 날은 견딘다.

간혹 지금까지 직장을 다녔다면 어떤 모습일까, 상상해 볼 때도 있지만 아주 잠깐이다. 세상 사람들의 일반적인 기준에서 벗어나는 선택을 한 나의 용기와 결정을 진심으로 지지한다. 다수가 선택하는 길에서 벗어났다고 낙오자가 되는 것은 분명 아닐 테니까.

길은 여러 갈래다. 내가 최선이라고 선택한 길이라면 묵묵히 내 걸음으로 걸어가면 된다. 이상하고 안 됐다는 듯이 나를 바라보는 타인의 시선 따위는 무시하면 그만이다. 더 이상 관심받고 인정받으려 애쓸 필요 없다. 모두에게 나를 이해시

키거나 모두가 나를 이해해 주길 바라지도 않는다. 그저 오늘 내가 할 일은, 내가 선택한 내 길을 흔들리지 않고 온전히 내 힘으로 걸어가는 것뿐이다.

많은 어제는 이미 내 손을 떠나 어쩔 수 없는 과거 속 추억의 시간이지만, 그 또한 오늘에 따라 달리 기억되고 말해짐을 안다. 나는 종종 과거의 불우하고 고통스러웠던 어린 시절의 추억을 아무렇지 않게 아니, 오히려 당당하게 이야기하는 사람을 본다. 그런 사람들의 공통점은 현재 훌륭하고 뛰어난 성취를 한 사람들이란 점이다. 그런 경우 과거의 고난은 성공을 위한 좋은 연료가 되고 더욱 극적으로 만들어 주는 유용한 장치가 되어, 자부심으로 혹은 자신감으로 더욱 빛나게 한다.

어제 없이 오늘이 있을 수 없고, 오늘 없이 내일이 있을 수 없다. 어제는 오늘을 만들고 오늘은 내일을 만들며 다시 어제를 재조명한다. 오래 어제를 돌아볼 일도, 목을 길게 빼고 내일을 앞당겨 볼일도 없다. 오늘이야말로 어제를 더 빛나게, 내일을 더 멋지게 만들 수 있는 유일한 시간일 테니까.

정해진 것을 거부하며 다른 삶을 살아 보고자 한 지난 내 선택이 과연 잘한 것인지는 다름 아닌 '나의 오늘'에 달려 있다고 생각한다. 날마다 당도하는 모든 시간, 자유롭고 재미있게 내가 원하고 바라는 대로 아무 의심이나 두려움 없이 정성을 다해 살아 내야 하는 이유다.

빵 굽는 기쁨

얼마 전부터 집에서 식빵을 굽고 있다. 그동안 하고 싶다는 마음만 가지고 있었는데 드디어 그 마음을 꺼내 실행에 옮기고 있다. 갑자기 왜냐고 묻는다면 딱히 할 말은 없지만, 그동안 '다음에, 나중에, 시간 되면'이라는 말들 안에 가둬 둔 채, 미뤘던 것들을 이제는 하나씩 꺼내야겠다고 마음먹었기 때문이다.

나는 어릴 적부터 빵을 좋아했다. 간식거리가 충분치 않은 시골에서 손쉽게 만들어 맛나고 배부르게 먹을 수 있는 간식으로 찐빵만 한 게 없다. 신나게 놀다가 출출해서 집에 오면 종종 시큼한 냄새를 풍기는 빵 반죽이 아랫목 이불 속에서 부풀고 있었다. 덮어놓은 둥그런 쟁반을 살짝 들추면 쟁반 밑부분에 달라붙은 반죽까지 힘차게 쭉 딸려와 놀라곤 했다. 그런 날이면 내 얼굴에 미소도 몽글몽글 부풀어 올랐다. 나는 시키지 않아도 방 청소를 하고 엄마의 흰 고무신을 뽀얗게 닦아 가지런히 세워 놓았다. 그리고 기다렸다. 엄마가 동글동글한 빵을 어서 빨리 찌기를, 보이지 않게 부엌을 살피고 코를 벌름대면서.

  보름달 빵에 관한 잊지 못할 추억도 한 자락 있다. 보름달처럼 동그란 모양에 달콤한 크림이 들어 있는 빵이다. 내가 시골에서 초등학교에 다닐 때였다. 어느 날 아침 등교하는 내게 언니는 보름달 빵을 사 오라는 심부름을 시켰다. 두 개를 사서 하나는 나 먹고 다른 하나는 가져오라고 했다. 무척 신이 났다. 수업이 끝나고 두 개를 사서 하나는 가방에 넣고 하나는 아껴 먹으면서 집으로 향했다. 그 부드럽고 달콤한 맛이라니, 오리를 걸어도 다리가 하나도 아프지 않았다. 날마다 오늘처럼 보름달 빵을 먹으면서 올 수 있다면 하고 수없이 생각하며 집에 도착했다. 그날따라 언니는 어딜 갔는지 집에 없었다. 아무렴. 먹을 때 조금이라도 나눠 주겠지 하는 바람으로 빵을 머리맡에 올려 둔 채 늦게까지 눈을 비비며 언니를 기다렸다. 그러다 그만 깜빡 잠이 들어 버렸고 눈을 떠 보니 아침이었다. 재빨리 머리맡을 보니 이런, 덩그러니 빈 봉지만 남아 있는 게 아닌가. 얼마나 속상하고 억울하던지 앙 울음을 터뜨렸고, 내 속도 모르는 엄마는 아침부터 운다고 나를 야단

치셨다. 그날 이후 보름달 빵은 내 눈물 맛이 나는 짭조름한 추억의 빵이 되었고, 요즘도 마트에서 눈에 띄면 안 사고는 못 배긴다.

　이십 대 때 나의 꿈은 빵집 사장이었다. 내가 운영할 가게도 일찌감치 찍어 두었다. 직장 근처 사거리 모퉁이에 있는 빵집이라 출퇴근하면서 항상 보였다. 목도 좋고 규모도 적당해 마음에 쏙 들었다. 빵을 살 때면 항상 거기로 갔고 '언젠가 내가 인수할 테니 그때까지는 절대 문 닫으면 안 된다.'라는 말을 마음속으로 간절히 전했다. 나의 부탁 때문인지 삼십 년도 더 지났지만, 빵집은 여전히 건재하다. 달라진 게 있다면 지금은 유명한 프랜차이즈 빵집으로 간판을 바꿔 달았고 이런저런 이유로 나는 인수의 꿈을 접었다는 것이다. 아직도 그곳을 지날 때면 눈길이 저절로 향하고 손님이 많은지도 빠르게 살피게 된다.

　사실 그때 당시 빵을 배우기 위해 야간에 학원도 다니고 제빵기능사 자격증에도 도전했었다. 결론부터 말하자면 스무 가지가 넘는 빵을 만들어 보는 경험을 했고 자격증은 실기에서 떨어져 끝끝내 아쉬움으로 남았다. 나는 빵이 만들어지는 모든 재료와 과정 그리고 그사이 기다리는 시간을 좋아한다.

부드럽고 향긋한 가루와 치댈수록 속살이 매끈하고 투명해지는 반죽이며 부드럽게 부풀어 오르기를 기다리는 발효 시간, 원하는 모양을 만들어 뜨거운 오븐에 넣는 순간까지 어느 것 하나 흥분되고 신기하지 않은 것이 없다.

물이 많았거나, 따로 넣어야 하는 걸 함께 넣었거나, 발효 시간이 부족했거나, 반죽을 덜 했거나 혹은 오븐 온도가 맞지 않았거나, 내가 서두르고 대충한 모든 손놀림을 잊지 않고 제 몸에 새겨서 구워 나온다. 내가 빵을 만들 때 어떤 마음으로 어떻게 만들었는지 온몸으로 내게 말해 준다. 빵은 지나치게 정직하달까.

이제 겨우 내 손으로 직접 몇 개 구워 봤다. 조금씩 색도 맛도 모양도 좋아진다. 처음엔 어렵고 긴장되고 걱정이 앞서더니 맛있다는 가족들 칭찬 몇 마디에 벌써 어쭙잖은 자신감이 차오른다. '이렇게 조금 더 연습하면 식빵 전문점 하나 차릴 수도 있겠다.'라는 어설픈 꿈이 반죽처럼 다시 부푼다.

오로지 내 기분 따라 그날 날씨 따라 '오늘의 식빵'을 정해 하루 딱 스무 개만 굽고 언제든 다 팔리면 문을 닫는 집, 빵집 문을 나서자마자 도저히 못 참고 슬며시 한 조각 입에 넣을 정도로 빵 맛이 궁금한 집, 먹으면 허전한 마음마저 둥글게 채워지는 신기한 빵이 있는 집. 이런 집이 내가 원하는 빵집이다.

　사장이 이런 마음이라면 십중팔구 오래가지 못할 게 뻔하다. 그렇지만 뭐 괜찮다. 내게 식빵 전문점은 아직 먼 이야기니까. 지금은 순전히 내가 좋아하는 빵을 구우며 마음대로 상상하고 꿈꿔도 되는 때니까. 빵 굽는 과정으로 치면 막 도착한 신선한 밀가루 한 줌 코에 대고 킁킁거리며 향긋한 풀 냄새를 맡아 보는 시간쯤이랄까. 제대로 된 빵이 구워져 나오려면 아직 멀었다.

운 좋으면 늙을 수도 있다

집중력이 현저히 떨어졌다. 책 한 권을 일주일 넘게 붙잡고 있다. 어제 읽던 다음부터 읽자면 전 내용이 생각나지 않아 잘 연결되지 않는다. 기억력도 문제다. 눈도 가물가물하다. 가늘게 힘을 주고 좀 멀리 떨어져 봐야 그나마 눈에 들어온다. 눈도 침침하고 기억력도 희미하고 집중력조차 바닥을 보이는 요즘, 자꾸 책 읽는 시간이 줄어드는 건 어쩌면 당연하다. 여유 있는 시간을 보내고자 하는 가장 큰 이유가 보고 싶은 책 실컷 보기 위함인데, 신체적 정신적인 노화로 책과 점점 멀어지다니 심각한 일이 아닐 수 없다. 잘 보이지 않으니 내용이 속속 들어오질 않고, 내용 파악이 느려지니 자연스레 흥미가 떨어진다. 아무리 나이를 먹어도 책이 있는 한 지루하거나 심심하지 않을 거라고 장담했건만, 벌써 이러면 안 될 일이다. 읽고 쓰는 것 말고 달리 취미도 없는 나는, 좀 봐

주면서 천천히 비껴갈 만도 하지 않은가. 아무리 인정사정 하나 없는 세월이라지만.

점점 신체 기능이 떨어진다고 생각하니 서글프다. 조금 많이 걸은 날은 무릎이 쑤셔 자주 잠에서 깬다. 네다섯 시간씩 너끈하게 하던 산행이 이제 세 시간만 넘어도 힘에 부친다. 퇴직한 남편과 명산 100에 도전하기로 했는데 이 또한 쉽지 않다. 체력이 좋은 젊을 때는 직장과 육아로 시간이 없었고, 마침내 어렵게 시간을 냈는데 이제는 체력이 협조를 안 한다. 온갖 앓는 소리를 내며 어깃장을 부린다. 조금만 오래 앉아 있으면 허리가 아프고 집중할 수 없을 정도로 쉽게 피로하다. 누워서 멍하니 보내는 시간과 잠이 늘었다. 활력과 생기가 점점 멀어진다. 열정도 눈에 띄게 줄고 관심사도 좁아졌다. 나이를 먹고 점점 노화가 진행되고 있다는 증거다. 신발을 신을 때 균형을 잡지 못하고 넘어진다거나, 텔레비전을 보다가 꾸벅꾸벅 졸고 있다거나, 문득 행동이 굼떠진 것을 느낄 때가 바로 나이를 실감하는 때라면, 요즘은 시도 때도 없이 그 횟수가 늘었다. 하루에도 몇 번씩 나이 들었다는 사실이 사정없이 뒤통수를 친다. 어이가 없다. 간간이 쓸쓸함에 잔뜩 몸이 오그라든다.

'운 좋으면 늙을 수도 있다.' 얼마 전 우연히 발견한 문장이다. 갑자기 찌릿 전기가 통하듯이 무언가 온 신경을 훑고 지나갔다. 지금까지 내가 한 번도 생각해 보지 못한 관점의 생각이다. 그동안 늙는다는 것에 실망하고 절망하며 아쉬워만 했다. 조금이라도 늦추거나 멈추게 하지 못해 안달하면서. 하지만 늙어 보지 못한 사람에게는 늙을 수 있다는 것이 운이 좋은 것이며 축복이라는 말이 마음을 파고들었다. 얼굴에 주름이 생기는 때까지 살아 보지 못한 사람이라면 깊게 골진 주름이 얼마나 가지고 싶을까. 오래 나이 들어 늙어진 자신의 모습이 얼마나 보고 싶을까. 관점을 바꾸니 생각이 바뀌고, 생각이 바뀌니 점점 뭐 하나 제대로인 게 없는 내가 달리 보였다. 침침한 눈도 깜빡거리는 기억력도, 바닥을 지나 지하까지 내려간 집중력도 모두 괜찮고 소중했다. 자연스럽고 멋진 축복처럼 느껴졌다. 누구나 노화를 느낄 수 있는 것이 아니라, 노화를 느낄 때까지 살아 있어야만 노화를 느낄 수 있다는 단순한 사실을 미처 생각 못 하고 있었다. 늙는 것도 아무나 할 수 있는 게 아니야 라고 힘주어 말하니 저절로 기운이 솟았다.

앞으로 얼마나 운이 좋을지, 언제까지 운이 따라 줄지 아무도 모른다. 그저 하루하루 기쁘고 감사한 마음으로 축복을 받아들일 수밖에. 눈이 침침해 작은 글씨가 안 보이면 돋보기를 끼면 되고, 기억력이 좋지 않으면 메모를 하면 된다. 집중이 되지 않으면 머리를 식히고 되는 만큼만 하면 된다. 불편하다고 불평하기보다는 축복을 감사하게 받아들이면 된다. 모든 것은 생각하기 나름이고 어떤 관점으로 보느냐에 따라 천지 차이다. 노화가 점점 진행된다는 것은 내가 그만큼 축복을 누리며 이 세상에 오래오래 살고 있다는, 기분 좋은 증명이다. 좀 불편하면 어떤가, 욕심을 내려놓고 그러려니 하면 되지. 특별하고도 귀한 축복을 누리고 있는데 그만 일로 불평해선 안 되지. 암, 안 되고 말고. 나는 불편한 노화를 행복하게 받아들이기로 했다.

제4부 단순하고 가볍게 일상 속으로

단순하고 가볍게

　남편이랑 문경새재를 걸었다. 오랜만이라 그런지 왠지 길이 낯설었다. 뭔가 깔끔하게 정돈된 느낌이었다. 자세히 보니 표지판이나 안내판들이 새롭게 바뀌었다. 평일 오전이라 사람은 그리 많지 않았다. 혼자 조용히 걷는 사람이 많이 눈에 띄었다. 문경새재는 내가 걸어 본 길 중 으뜸이다. 혼자 걸어도 둘이 걸어도 좋다. 여럿이 함께 걸으면 더 좋다. 봄이나 여름이어도 좋고 가을이나 겨울이어도 좋다. 이른 아침이나 한낮이어도 좋고 해 질 무렵이거나 그 사이 어느 때라도 좋다. 고민이 있어도 좋고 기분 좋은 일이 있어도 좋다. 속으로 좋아하는 노래를 불러도 좋다. 소리 내어 불러도 아무 문제가 되지 않는다. 매끈하게 잘 다져진 단단하고 넓은 흙길은 너무 깨끗해 자꾸 맨발로 걷고 싶어진다. 양옆으로 졸졸거리며 흐르는 물소리는 마치 새소리처럼 정답다. 다리가 아플 만하면 나타나는 쉼터는 또 얼마나 정겨운지, 더벅머리처럼 짚으로 엮어 만든 지붕엔 군데군데 새들이 집을 지어 놓았다.

 우리는 저마다의 생각에 빠져 묵묵히 자기의 보폭과 속도로 자기의 걸음을 걸었다. 오만가지 생각들이 번개처럼 일었다가 한순간에 사라지고 그 자리에 다른 생각이 또다시 찾아들었다. 어느 하나 가지런하게 정돈되는 것은 없었다. 마치 커다란 나무에 지저귀며 들락거리는 새들처럼 저마다의 소리로 아우성을 치며 내 머릿속을 들락거렸다. 문득 남편을 보니 남편 또한 마찬가지인지 생각 많은 얼굴로 하늘을 보며 걸었다. 문득 남편은 무슨 생각을 하며 걷는지 궁금해졌다. 얼마 전 퇴직한 남편은 요즘 나와 걷고 여행하며 유유자적 시간을 보낸다. 그러니 아마도 이래저래 생각이 많을 것이다. 갑자기 달라진 생활도 그렇고, 앞으로 펼쳐질 노후도 그렇고, 어느 하나 똑떨어지게 명확한 것이 없을 테니 말이다. 퇴직 초기에 스멀스멀 기어 올라오는 그 알 수 없는 불안감과 심란함에 대해서는 나도 알 만큼 알기 때문이다.

 그런데 내가 예상한 것과는 달리 남편의 대답은 단순하고 명쾌했다. 총무를 보고 있는 모임이 저녁에 있는데 실제로 몇 명이나 참석할시, 예약한 인원수를 채울 수 있을지 걱정이란다. 그랬다. 남편은 나와 달랐다. 매사에 걱정부터 하는 나와 달리 남편은 그리 걱정을 하지 않는 성미다. 그러는 모습을 보면 나는 그게 또 걱정이다. 아무리 '걱정을 한다고 걱정이 없어지면 걱정이 없겠다.'라는 말도 있다지만, 그러함에도 불구하고 하는 게 걱정이고 또 그러는 게 사람 아닌가. 어디 쓸모 있고 소용이 있어서 하는 게 걱정이던가. 후후 웃음이 나왔다. 당장 오늘 저녁이 걱정인 남편과는 달리, 먼 노후를 걱정하고 언제 나빠질지 모를 건강을 미리 염려하며 심란해한 내가 우스웠다.

내가 걱정한다고 달라지지 않는다는 걸 잘 알면서도 늘 머리와 마음에 걱정거리를 떨쳐내지 못한다. 그러느라 진이 빠지고 날마다 에너지가 고갈돼 피로하고 기진맥진이다. 남들보다 유난히 스트레스를 많이 받는 것도 같은 맥락일 것이다. 그냥 놓아 버리면 되는 것을, 걱정이 가득 든 양동이를 양손 가득 들고 있느라 끙끙거리는 셈이다. 그런다고 일어나고 말 큰일이 안 일어날 것도 아니고, 모든 일은 결국 모두 일어나게 마련인 것을.

퇴직하고 가만 생각해 보니 직장 생활을 하면서도 나는 늘 걱정을 한 무더기 안고 살았다. 작은 일도 크게 만들어 염려하며 긴장했고 걱정이 없으면 오히려 불안해 걱정을 만들어 몰두했다. 쓸데없는 걱정에 에너지를 낭비하느라 정작 중요한 행복을 누리는 일이나, 기쁨을 느끼는 일에는 에너지를 쓰지 못했다. 그러니 당연히 재미없고 즐겁지 않을 수밖에. 나의 성향이고 성격이니 어쩔 수 없다. 누굴 탓하거나 원망할 일은 아니다. 다만, 퇴직하고 난 지금도 그 성향 그대로, 해도 그만 안 해도 그만인 걱정을 한 짐 지고 날마다 심각하게 살아가고 있으니 문제다.

어떻게 하면 남편처럼 가볍고 단순하게 살아갈 수 있을까. 아예 생각 없이 사는 것과는 다르다. 생각은 하되 쓸데없이 안 해도 되는 그런 고민과 걱정은 걸러내는 것이다. 남편과 시간을 보내는 동안 배워 봐야겠다. 슬기로운 노후를 위해서 필요한 건 건강이나 돈뿐만이 아니다. 어쩌면 이보다 더 중요한 것은 쓸데없는 걱정을 줄이고 단순하게 삶을 대하는 태도와 방식일 것이다. 지금이야 말로 가볍고 단순하게 살아가는 법을 배워야 할 때이지 싶다. 그동안 어찌 그리 생각 없이 사냐고 타박했던 남편이 알고 보니 좋은 스승감이다. 남편을 따라 조금씩 걱정에 무게를 덜어 내고 가볍게 오늘을 사는 연습을 해 봐야겠다.

쉬어 갈 의자 하나 생겼네

　겨울이 끝나갈 무렵, 남편과 아이들이랑 엄마 아버지 성묘를 위해 고향에 다녀왔다. 가자고 마음만 먹으면 언제 든 쉽게 다녀올 수 있는 거리지만, 명절 같은 특별한 날이 아니고는 선뜻 내키지 않아 오랜만이다. 잘해야 일 년에 서너 번 갈까 말까다. 마을을 지나쳐 꼬불거리고 좁다란 산길을 한참 올라가면 산밑에 아담한 산소가 나온다. 바람도 잠시 쉬어 갈 듯 아늑한데다 햇살 또한 오래 머무는 양지바른 곳이다. 유난히 잔디는 더디 자라고 쑥들만 쑥쑥 올라오는 동그란 봉분 아래 엄마와 아버지가 함께 계신다. 말이 좋아 고향이지 이제는 덩그러니 산소만 남아 있는 셈이다. 엄마 아버지가 돌아가시기 전 사셨던 집은 오래전에 이미 빈집이 되어, 초라하게 반쯤 기울어진 채 온몸으로 세월을 견디는 신세가 되고 말았다. 더구나 최근에는 옆집에서 허락도 없이 온갖 잡동사니들을 보관하는 창고로 사용하고 있어 어수선하기가 말이 아니다. 엄마 아버지 흔적이라도 찾아볼까. 하여 어쩌다 들르면 여지 없이 마음만 무참히 무너진다. 친척이 있는 것도 아니어서 발 들여놓을 곳도 마땅히 없다. 그러니 그저 쌩하니 서둘러 마을을 통과하는 게 고작이다.

  그런데 이번에 가 보니 세상에나, 마을에서 조금 떨어진 곳에 이 층짜리 카페가 번듯하게 자리하고 있었다. 안내문을 보니 개업한 지 두어 달 된 듯했다. 넓은 주차장에 야외 테라스 그리고 멋진 소나무 조경까지, 그림처럼 근사했다. 카페의 이름을 보는 순간 고향이라는 단어가 느닷없이 가슴 언저리로 파고들었다. 바로 내가 태어나고 자란 마을 이름인 '탄지리'였던 것이다. 어쩜, 나는 설레는 마음으로 카페 문을 힘껏 열었다. 넓고 확 트인 공간에 분위기가 꽤 고급스러웠다. 어느새 홍보도 되었는지 빈자리가 별로 없었다. 창가 쪽으로 나란히 놓인 소파는 벌써 다정한 연인들로 가득했다. 중앙에는 갓구운 빵들이 얌전하게 앉아 고소한 냄새를 풍겼다. 군더더기 하나 없이 단정하고 깔끔했다. 혹시 카페를 운영하는 분이 내가 아는 사람일지도 모른다는 호기심에 음료와 함께 받은 영수증의 대표자를 확인해 보았으나 잘 모르는 이름이었다. 그래도 한 다리 건너면 알지도 모른다는 기대감으로 다음엔 꼭 만나 보리라 마음먹었다.

 카페 이름도, 분위기도 좋았지만, 앞쪽으로 펼쳐진 뷰는 또 얼마나 환상적인지. 만약 내가 카페를 차린대도 딱 이런 모습이지 않았을까, 하는 생각이 절로 들었다. 월악산 영봉이 한눈에 들어오고, 아직은 군데군데 얼음이 보이는 냇가가 긴 이야기처럼 구불구불 펼쳐졌다. 들뜬 마음으로 음료가 나올 때까지 야외 멋지게 휘어진 소나무 밑에서 기념사진을 찍었다. 아이들에게 지금은 없어졌지만, 엄마가 다닌 초등학교가 저 고개 너머에 있었다고, 오리나 되는 길을 걸어 다녔다고 열변을 토했지만, 아이들은 별 관심이 없어 보였다. 그러거나 말거나 나의 입에서는 신나게 어릴 적 추억이 줄줄이 새어 나왔다. 드디어 고향 탄지리에 차 한잔 앞에 놓고 종일 머물러도 누가 뭐라 하지 않을 쾌적한 공간이 생기다니. 주인이 들으면 큰일 날 소리지만 마치 우리 집이 생긴 듯한 뿌듯함이 밀려들었다. 어찌나 반가운 마음이 들던지 카페 담벼락이라도 붙잡고 부드럽게 쓰다듬어 주고 싶어졌다. 고맙다고, 여기 이 자리에 이렇게 생겨 줘서 너무나 고맙다고.

 '카페 탄지리'를 발견한 이래 내내 기분이 좋았다. 누구를 불러 차를 마시러 갈까. 틈만 나면 전화기를 만지작거렸다. 이틀 정도 지났나, 드디어 친구에게서 만나자는 연락이 왔다.

나는 흔쾌히 좋은 곳을 알고 있노라며 그녀를 거기로 데리고 갔다. 새로 지은 우리 집에 처음 친구를 데리고 온 듯, 구석구석 구경을 시켜 주며 자랑을 늘어놓았다. 친구의 멋지다는 맞장구에 절로 신이 났다. 차를 마시는 내내 나 어렸을 때는 말이야 하며 이야기보따리를 풀었다. 어린 시절에 대한 추억이 뭐 있을까 싶었는데 웬걸, 시작만 했을 뿐인데 줄줄이 달려 나왔다. 마치 오랫동안 이런 날, 이런 순간을 고대하며 기다렸다는 듯이 말이다.

멀리 걸어 다녀야 했던 초등학교 시절, 운 좋은 날이면 시큼한 술 냄새 잔뜩 풍기는 양조장 트럭 짐칸을 얻어탈 수 있었다거나, 조회 시간에 국기에 대한 맹세를 대표로 외우던 중, 중간에 잊어버려 이러지도 저러지도 못한 채 멍하니 서 있었던, 지금 생각해도 진땀이 흐르는 순간 같은 것들이 술술 말이 되어 나왔다. 심지어 한 번도 입 밖으로 꺼낸 바 없던, 허무맹랑하기 그지없는 어릴 적 꿈조차도. 사실 어릴 적 내 꿈은 훌륭한 사람이 되어 영봉의 여신을 깨워 일으키는 거였다. 훌륭한 사람이 어떤 사람인지도 모르면서 영봉을 볼 때마다 짐짓 굳은 각오로 두 주먹을 불끈불끈 쥐곤 했다. 영봉은 아침마다 눈만 뜨면 보이는 월악산의 제일 높은 봉우리로, 목선이 부드럽고 콧날이 오똑한 여인이 옆으로 누워 있는 것같이 보인다. 어린 마음에 동화에서처럼 나를 기다리며 여신이 잠자고 있다고 믿었던, 그런 순수한 동심의 시절에 품었던 꿈이다. 비록 지금은 그 꿈 근처 어디에도 닿지 못한 채, 순수함과도 멀리 떨어져 살고 있지만 말이다.

이렇듯 아무런 거리낌이나 부끄러움 없이, 내가 살아온 유년의 모든 시간이 자연스럽게 이야기가 되고 말이 되는 곳, '카페 탄지리'이기에 가능한 일이지 싶다. 왜냐하면 나에게는 탄지리라는 이름만으로도 마음이 놓이고 푸근한 온기가 향기처럼 퍼지는 더없이 아늑한 곳, 바로 고향 집 같은 곳이니까. 물론 누군가에게는 그저 지나치는 전망 좋은 카페 중 하나에 불과할 테지만.

머지않아 봄이 오면 카페 주변 풍경은 알록달록 생기를 더할 것이다. 유난히 철쭉이 많았던 산자락은 온통 붉은 꽃밭이 될 테고, 와아아 하고 쏟아지는 봄 햇살에 시냇물은 반짝반짝 금빛으로 눈이 부실 것이다. 멀리 보이는 월악산은 더욱 깊고 선명한 초록으로 존재감을 우뚝 드러낼 테고, 영봉은 여전히 고즈넉하게 우아함을 뽐낼 것이다. 그러면 나는 엄마의 품인 양 오래오래 '카페 탄지리'의 포근한 의자에 깊숙이 몸을 묻고 추억 여행을 떠나 보리라. 소중한 보물을 꺼내 놓고 순한 마음으로 닦고 또 닦듯이.

봄바람에 묻어나는 꽃향기를 음미하면서 산딸기는 어디에 많을까. 같은 고민이 전부였던 어린 시절로 돌아가 봐도 좋겠고, 봄이 오는 소리에 귀를 쫑긋 세우며 놓아 버렸거나 놓쳐 버린 꿈들을 헤아려 봐도 좋겠다. 혹은, 드러난 살갗을 간질이는 봄날의 대기를 찬찬히 느끼며 옛 친구들 이름을 하나하나 불러 봐도 좋겠고, 깨어날 줄 모르는 영봉의 여신에게 마음속으로 긴긴 편지를 써 봐도 좋겠다. 누가 아는가. 내 인생 후반전을 빛낼 보석 같은 내용이 담긴 답장을 보내올지. 생각만 해도 환한 웃음이 봄꽃처럼 피어난다. 나에게 이제야 비로소 고향 탄지리에 특별한 의자 하나가 생겼다. 언제든지 달려가 얼마든지 쉬어 갈 수 있는, 그리하여 몸과 마음에 봄 햇살처럼 따사로운 고향의 숨결이 전해지는, 그런 소중한 의자 하나가 말이다. 실로 엄청나게 큰 기쁨이다. 내게는.

Epilogue 조금 일찍 퇴직한 게 뭐라고

에필로그

조금 일찍 퇴직한 게 뭐라고

 직장에서의 명함과 급여 대신 백수로서의 무한한 자유와 시간을 선택한 지 벌써 4년 차다. 그동안의 시간이 어땠느냐고 묻는다면, 날마다 몸도 마음도 행복하게 원하는 것 실컷 하며, 즐겁고 신나게 보내는 꿈같은 날들이었다. 고 활짝 웃으며 말하고 싶지만, 솔직히 그러지는 못하겠다. 물론 그동안 자유롭게 보낸 시간이 몰래 나만 먹을 수 있는 사탕처럼 짜릿하고 달콤했던 건 사실이지만 말이다.

 날마다 맞이하는 모든 시간을 오롯이 내 손으로 만들어 가야만 한다는 게 생각만큼 쉽지는 않았다. 누군가 해 주는 잔소리도 없고 지켜야 할 규칙도 없는 상황이 되니 더럭 겁이 나고 두려움도 컸다. 늘 내가 시간을 제대로 잘 보내고 있는지, 퇴직 전과 비교해 정말 더 행복한지 수시로 검열하는 습관이 생겼다. 내가 자진하여 선택한 퇴직이 주는 부담감과 무게감에 빠져 허우적거리며 휘청거렸다. 조급한 마음에 나를 닦달하며 시간을 더 의미 있게 잘 보내라고, 더 즐거움을 느껴야만 한다고 통제하기도 했다. 즐거움조차 자연스럽게 배어나는 감정이 아니라 반드시 느껴야 하는 의무처럼 강제로 들이밀면서.

그동안 내 앞에 놓인 삶에 온전히 집중하지 못하고 허둥댔던 게 사실이다. 퇴직 후의 삶을 맘 편히 즐기기보다는 퇴직을 선택한 나의 결정이 썩 잘한 거란 걸 증명해 보이려고만 안간힘을 썼다. 퇴직 전과 비교해 반드시 더 나은 삶, 더 행복한 삶이어야만 한다는 강박으로 나를 다그치고 몰아붙이면서 말이다. 남들보다 조금 일찍 퇴직한 게 뭐라고. 이제 더는 과거의 선택과 결정이 현재의 내 삶을 휘두를 수는 없다.

이제부터는 정말 마음 가는 대로 아무런 부담 없이 나풀나풀 홀가분하게 살아 보겠다. 소소하고 소박하지만 자유롭고 여유 넘치는 나날들을 고스란히 마음 편하게 받아들일 작정이다. 반드시 어떠해야 한다는 통제도 없고 틀림없이 잘 보내야 한다는 강박도 없다. 그저 자연스럽게 오고 가는 시간 속에서 감당할 수 있는 일들만 기꺼이 감당하면서 가볍고 경쾌하게 살아 내겠다. 어제도 내일도 아닌, 지금 여기 이 순간에만 똑바로 집중하면서. 바람이 있다면, 나를 기쁘게 하는 거라면 뭐든 자잘하게 시도하고 도전하는 용기를 자주자주 낼 수 있었으면 좋겠다. 아무런 걱정이나 두려움 없이 세상에 널린 다양한 즐거움들을 야금야금 맛보며 생생하게 기록해 새로운 책 한 권을 또 낼 수 있길 소망한다. 그때는 분명 지금보다 더 풍성하고 생기 있으며 제법 재밌는 책이 되리라 자신한다. 부디 그때 다시 만날 수 있길 바라며, 모든 분께 감사와 다정한 안부를 전한다.

이제 마음 가는 대로 살 때도 됐지
― 지복희 수필집

지은이 | 지복희
펴낸이 | 신기용

2022년 9월 16일 초판 2쇄 발행

펴낸곳 | 도서출판 **이바구**
        부산광역시 부산진구 동성로143(전포동 신우빌딩) 2022호
        T.010-6844-7957
등 록 | 제329-2020-000006호

© 지복희 2022   ISBN 979-11-91570-20-5 (03810)
정 가 / 15,000원

※ 이 책의 무단전재 및 복제행위는 저작권법에 의거, 처벌의 대상이 됩니다.